Die französische Originalausgabe erschien 2011 bei Éditions MILAN –
300, rue Léon-Joulin, 31101 Toulouse Cedex 9, Frankreich, unter dem Titel
Le livre du jardin © Éditions MILAN.

Autor: Michel Luchesi
Illustration: Amandine Labarre, Antoine Déprez
Satz und Covergestaltung: Graphicat, GrafikwerkFreiburg
Übersetzung: Dagmar Fischer
Redaktion: Susanne Weisser

Rechte der deutschen Ausgabe:
© 2012 Christophorus Verlag GmbH & Co. KG, Freiburg i. Br.
www.christophorus-verlag.de

ISBN 978-3-8411-0099-3
Art.-Nr. VB110099

Printed in Italy

Michel Luchesi

BLUMENTOPF und GARTENSCHERE
50 Tricks für ein grünes Paradies

Illustriert von Amandine Labarre
und Antoine Déprez

Ins Deutsche übersetzt von
Dagmar Fischer

Velber
kinderbuch

Bayard

INHALTSVERZEICHNIS

NEUE GARTENIDEEN

Lange ist es her, dass Beete immer nur schnurgerade in Reih und Glied bepflanzt wurden! Heutzutage sind Gärtner erfinderischer und gestalten ihre Gärten und Blumenbeete mit viel Fantasie. Auch du kannst deiner Kreativität freien Lauf lassen! Du isst gern Gemüse? Dann lege dir doch auf deinem Balkon einen Mini-Küchengarten an! Du magst es lieber, wenn alles bunt blüht? Dann sind Blumenbeete in Tierform auf deinem Rasen genau das Richtige! Du liebst Zimmerpflanzen? Wie wäre es mit einer kleinen mexikanischen Kakteenwüste? Ganz egal, wie groß oder klein der Platz ist, der dir zur Verfügung steht: Es gibt immer Möglichkeiten, sich sein eigenes kleines Paradies zu schaffen.

Der Garten als Erlebnisraum

Ein Garten ist nicht einfach nur ein Stück bepflanzte Erde. Er ist auch ein Raum, der zum Spielen und Entdecken einlädt. Achte aufmerksam darauf, was sich um dich herum abspielt. Lerne die Pflanzen besser kennen, beobachte die kleinen Tiere, die in deinem Obst- und Gemüsegarten und in den Hecken leben. So findest du schnell heraus, was den Menschen mit der Natur verbindet.

Teile deine Erfahrungen mit anderen

Lass deine Geschwister, Eltern, Großeltern und Freunde an deiner Begeisterung teilhaben. Vielleicht werden auch sie zu leidenschaftlichen Gärtnern. Dann könntest du ihnen viele Dinge beibringen und auch selbst von ihren Erfahrungen lernen.

PROFI-TECHNIKEN

Wie du Kerne aus Obst und Gemüse verwertest, nützliche Tiere in deinen Garten lockst und neue Pflanzen entstehen lässt, ohne dabei Samen zu verwenden – all diese Dinge lernst du auf den folgenden Seiten. So wirst du zu einem richtigen Profi-Gärtner!

STECKLINGE ZIEHEN

Nimm ein Stück von einer Pflanze (z.B. Stängel, Blatt oder Wurzel) und behandle es so, dass es Wurzeln schlagen kann. So entsteht wie durch Zauberkraft eine neue Pflanze – ganz ohne Samen!

DER ERSTE SCHRITT

Welche Pflanzen eignen sich?

Fast alle Pflanzen lassen sich auf diese Weise vermehren. Bei Pelargonie, Fetthenne, Zebrakraut, Buntnessel, Erdbeere oder auch Efeu ist es sogar ganz einfach. Andere Pflanzenarten, wie zum Beispiel Kamelien und Windröschen, sind dagegen anspruchsvoller. Damit auch solche Pflanzen Wurzeln bilden können, solltest du Bewurzelungspulver verwenden.

Bewurzelungspulver ist das Zaubermittel der Gärtner!

Der beste Zeitpunkt

Welcher Zeitpunkt sich am besten eignet, hängt von der Pflanzenart und von der Art des Stecklings ab. Allgemein gilt die Wachstumszeit der Pflanze, also der Frühling, als die Zeit mit den besten Erfolgsaussichten. Aber auch im August erzielt man oft gute Ergebnisse.

VERMEHRUNG DURCH ABSENKEN

Grabe neben der Mutterpflanze einen Blumentopf in der Erde ein. Suche dann nach einem biegsamen Stängel und senke ihn nach unten ab. Befestige ihn mithilfe einer Klammer in dem eingegrabenen Blumentopf. Bald wirst du sehen, wie sich Wurzeln bilden und eine neue Pflanze entsteht.

Mutterpflanze (Erdbeerpflanze)

Trieb

Ausläufer

Klammer

Eingegrabener Topf

PROBIERE ES SELBST!

Triebstecklinge

🍓 Schneide mit einem Cutter einen jungen Trieb ab.

Setze beim Schneiden oberhalb der Ansatzstelle eines neuen Triebs an.

🍓 Entferne überzählige Blätter: Es sollten nur oben an der Spitze fünf oder sechs Blätter übrig bleiben.

🍓 Tauche deinen Steckling in ein mit Wasser gefülltes Glas und lasse alles bei einer Temperatur von mindestens 20 °C stehen. Wenn das Wasser anfängt, trüb zu werden, musst du es auswechseln.

🍓 Sobald sich Wurzeln gebildet haben, kannst du den Steckling in Gartenerde einpflanzen.

Versuche, aus einem Zebrakrautstängel einen Steckling zu gewinnen: Das ist gar nicht kompliziert.

Blattstecklinge

🍓 Schneide ein Blatt mit seinem Blattstiel ab.

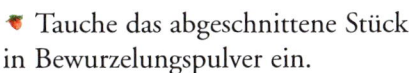
Blattstiel

Blattstecklinge eignen sich besonders gut zur Vermehrung von Begonien.

🍓 Tauche das abgeschnittene Stück in Bewurzelungspulver ein.

🍓 Pflanze das Blatt dann in einen Topf mit Gartenerde ein und umhülle den Topf mit einer durchsichtigen Plastiktüte.

🍓 Halte die Erde durch regelmäßiges Gießen feucht. Sobald drei oder vier neue Blätter zu sehen sind, ist es an der Zeit, den Steckling umzutopfen.

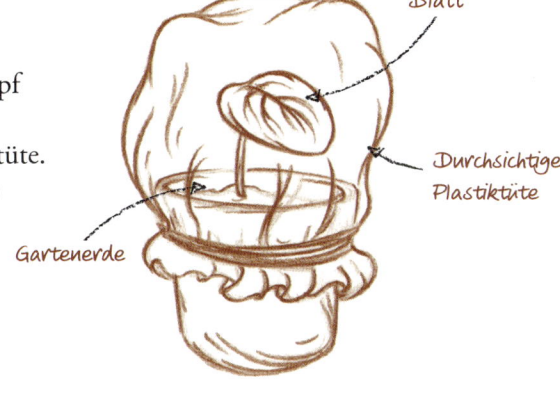
Blatt
Durchsichtige Plastiktüte
Gartenerde

Wurzelstecklinge

🍓 Grabe eine Pflanze aus der Erde aus und schneide mit einem Messer ein etwa 5 cm langes Stück Wurzel ab.

🍓 Grabe ein etwa 3 cm tiefes Loch, lege das Wurzelstück waagerecht hinein und bedecke es mit Gartenerde.

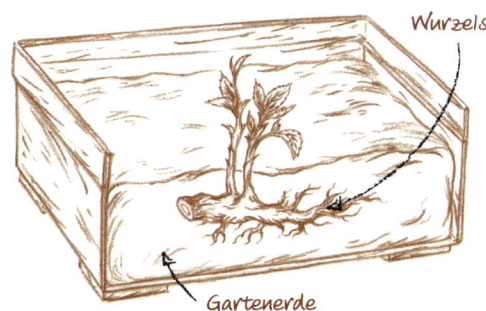
Wurzelstück
Gartenerde

Wurzelstecklinge eignen sich zum Beispiel zur Vermehrung von Rosen.

🍓 Stelle alles an einen hellen Platz und halte die Erde mithilfe einer Sprühflasche feucht.

🍓 Sobald ein neuer Trieb erscheint, kannst du ihn umpflanzen.

SAATGUT SAMMELN

Du willst schöne Pflanzen in deinem Garten haben? Dann sammle doch ein paar Samen in einem anderen Garten oder die Kerne von dem Obst und Gemüse, das du isst. Diese Samen und Kerne kannst du einpflanzen. Das ist ganz einfach und du musst gar nichts extra einkaufen. Eine gute Möglichkeit, Geld zu sparen!

Stütze

Tomatensetzling

Tomatenkerne

1. Teile im September eine Bio-Tomate in zwei Hälften und fange den Saft auf.
2. Fülle den Saft in ein Schälchen und lasse ihn an einem warmen Ort stehen, bis er völlig eingetrocknet ist.
3. Reinige die Kerne mit Wasser und lasse sie auf Küchenpapier trocknen.

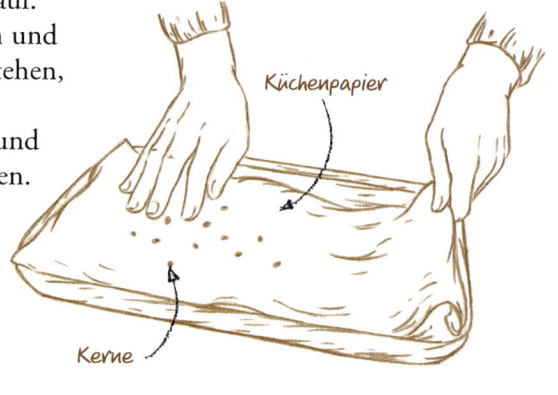

Küchenpapier

Kerne

4. Lagere die Kerne über den Winter geschützt in einer Dose.
5. Säe im Mai vier oder fünf Kerne in einem kleinen Topf mit Gartenerde aus. Gieße sie und halte die Erde feucht.

6. Wenn sich Triebe zeigen, entferne die kleinsten und behalte nur den allerschönsten.
7. Sobald der Setzling 25 cm groß ist, kannst du ihn in den Garten auspflanzen. Binde ihn an einer Stütze fest.

Avocado-Kern

1. Entnehme den Kern einer Bio-Avocado.
2. Stecke von allen Seiten drei Zahnstocher in die Mitte.
3. Lege die Konstruktion auf ein gefülltes Wasserglas, so dass der Kern zur Hälfte ins Wasser eingetaucht ist.

4. Wenn sich Wurzeln gebildet haben, kannst du den Kern in einen mit Gartenerde gefüllten Topf einpflanzen.

5. Die Avocadopflanze muss einmal wöchentlich gegossen werden.

Avocado-Kern

Zahnstocher

Gefülltes Wasserglas

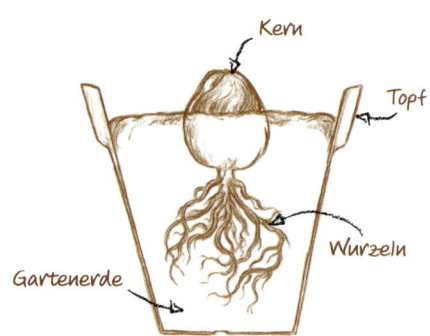

Kern

Topf

Wurzeln

Gartenerde

Blumensamen

1. Stülpe eine Papiertüte über eine verwelkte Blume.
2. Schneide mit einer Gartenschere den Stängel ab.
3. Zerknittere das Papier, um die Samen aus
der Blüte herauszulösen.
4. Sammle die Samen und bewahre sie an einem
trockenen Ort auf.
Wenn du auf diese Weise die Samen verschiedener
Arten sammelst, hast du bald einen guten Vorrat für
die nächste Aussaat.

Apfelkerne

1. Lass einen Bio-Apfel an einem kühlen Ort verfaulen
und sammle dann seine Kerne ein.

2. Wasche die Kerne, trockne sie und bewahre sie in einer
Schachtel oder einem Briefumschlag bis zur richtigen
Pflanzzeit, dem Herbst, auf.
3. Wenn der Herbst gekommen ist,
weiche die Kerne über Nacht in
lauwarmem Wasser ein: Das fördert
die Keimung.
4. Pflanze drei oder vier Kerne in
einen mit Erde und Sand gefüllten
Topf, gieße alles und bedecke es mit
einer durchsichtigen Folie.

*Durch die Folie bleibt
alles schön feucht.*

5. Sobald die Triebe aus der Erde sprießen,
solltest du die Folie entfernen, damit Luft
an die Setzlinge kommt.
6. Behalte nur den schönsten und
stärksten Setzling. Entferne
die anderen und halte
die Erde feucht.

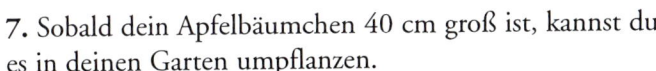

*Die übrigen Setzlinge müssen
entfernt werden, damit die
zukünftige Pflanze mehr Platz hat.*

7. Sobald dein Apfelbäumchen 40 cm groß ist, kannst du
es in deinen Garten umpflanzen.
Beobachte gut, wie sich dein Baum entwickelt, denn am
Anfang ist er noch schwach.
Dein Obstbaum wird nur Früchte tragen, wenn es in
der Nähe noch einen anderen Apfelbaum einer geeigneten
Art gibt: Nur so können seine Blüten befruchtet werden.

UNGEBETENE GÄSTE

Du bist nicht der einzige Pflanzenliebhaber.

Auch Schnecken, Ohrwürmer und Blattläuse lieben Pflanzen. Sie ernähren sich nämlich von ihnen und richten deshalb manchmal große Schäden im Garten an. Das musst du allerdings nicht einfach so hinnehmen! Es gibt Tricks, wie du deine Ernte vor diesen kleinen Biestern schützen kannst.

SAGE DEN SCHNECKEN DEN KAMPF AN!

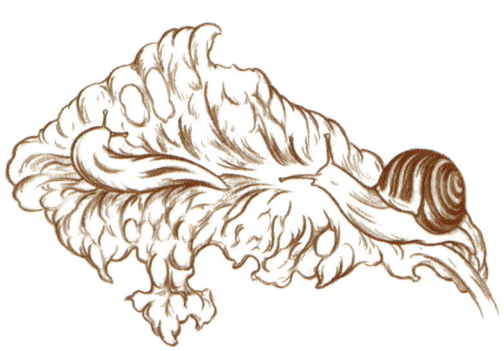

Kohlblätter sind ein wahres Festessen für Schnecken!

Die sanfte Methode

Schnecken hassen Sand und Asche. Streue daher ein bisschen davon rund um deine Setzlinge und errichte so eine Barriere. Wenn es geregnet hat, musst du diese Barriere erneuern.

Mit Bier gefüllter Teller

Achtung: Keine Chemikalien!

Es gibt verschiedene Möglichkeiten, wie du Tiere, die dein Gemüse und deine Zierpflanzen anknabbern, fernhalten kannst. Auf Chemikalien solltest du dabei aber verzichten: Sie sind nicht nur schlecht für die Umwelt, sondern es könnte auch passieren, dass du damit aus Versehen deinen Hund oder deine Katze vergiftest.

Barriere aus Sand

Die radikale Methode

Fülle etwas Bier in mehrere Teller und verteile diese überall in deinem Garten. Grabe die Teller leicht ein, sodass der Tellerrand ebenerdig ist. Die Schnecken werden sich darauf stürzen und in dem Bier ertrinken.

WEG MIT DEN OHRWÜRMERN!

Ohrwürmer attackieren die Blütenblätter eines Schmuckkörbchens.

Diese Insekten zerfleddern Blüten und durchlöchern Blätter. Dadurch werden die Pflanzen geschwächt. Stelle eine Falle her und verhindere so, dass deine Pflanzen Schaden nehmen. Stecke etwa 1,50 m hohe Bambusstangen in den Boden und stülpe einen mit Stroh gefüllten Blumentopf verkehrt herum darüber. Die Ohrwürmer werden es sich schon bald darin gemütlich machen. Jetzt musst du den Blumentopf nur noch von Zeit zu Zeit herunternehmen und die Insekten in sicherer Entfernung aussetzen.

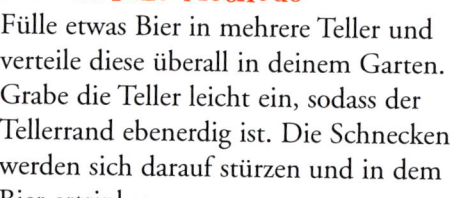

SCHLUSS MIT BLATTLÄUSEN

Vorbeugen ist besser …

Blattläuse schwächen die Pflanzen, weil sie ihren Saft aussaugen. Wenn du die Entstehung großer Blattlaus-kolonien verhindert möchtest, bekämpfst du am besten: die Ameisen! Diese transportieren die Blattläuse nämlich von einer Pflanze zur anderen. Die Ameisen haben davon einen großen Vorteil: Wenn die Blattläuse viel zu fressen haben, produzieren sie viel von dem so-genannten Honigtau. Das ist eine zuckerhaltige Lösung, die die Ameisen sehr gern mögen. Am wirksamsten ist es also, wenn du die Ameisen am Vorankommen hinderst, indem du den Stamm von Bäumen oder großen Sträuchern mit einem Leimring ohne Insekten-gift umwickelst. Zusätzlich kannst du noch Studenten-blumen anpflanzen: Den Geruch dieser Blume mögen Blattläuse überhaupt nicht.

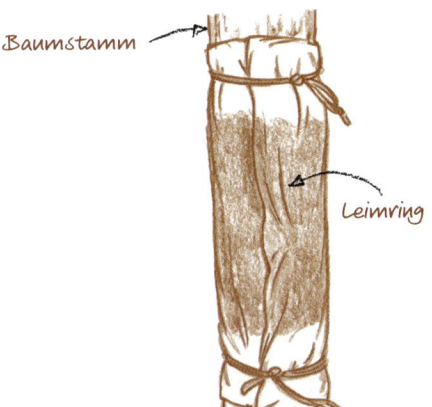

Baumstamm

Leimring

… als heilen

Wenn eine Pflanze von Blattläusen befallen ist, dann besprühe die Blätter mit einer Mischung aus Spülmittel und Wasser. Das tötet die Insekten ab.

DIE SINGDROSSEL, DEINE VERBÜNDETE

Singdrosseln ernähren sich von Schädlingen wie zum Beispiel Maikäferlarven. Maikäferlarven können im Garten große Schäden anrichten. Sie greifen die Pflanzen an den Wurzeln an, sodass sie sehr schnell verkümmern. Sehr gern verspeist die Singdrossel aber auch Schnecken. Dazu zerschmettert sie zuerst das Schneckenhaus, indem sie es gegen einen Stein schlägt.

NÜTZLICHE TIERE

Nicht alle kleinen Tierchen sind Feinde deiner Pflanzen: Marienkäfer, Tausendfüßler, Bienen und Hummeln sind sogar sehr nützliche Gartenhelfer! Deshalb solltest du sie in deinen Garten einladen.

EIN HOCH AUF MARIENKÄFER UND CO.!

Heute auf der Speisekarte: Gartenschädlinge

Marienkäfer, Schwebfliegenlarven, Florfliegenlarven, Laufkäfer und Solitärwespen vertilgen große Mengen an Schädlingen wie Blattläuse, Erdflöhe, Rüsselkäfer usw., die deine Pflanzen schwächen. Für diese räuberischen Insekten ist dein Garten wie eine gedeckte Festtafel. Du musst ihnen also nur noch ein Zuhause anbieten.

Uriges Häuschen

Bohre ein paar Löcher in eine Baumstammscheibe. Bastle dann aus zwei Brettchen ein Dach, damit kein Wasser eindringen kann. Denke auch an eine Halterung, damit du das Häuschen an einem Baum oder Holzpflock aufhängen kannst. Jetzt hast du einen perfekten Unterschlupf für deine Gäste!

Marienkäfer

Florfliegenlarve

Schwebfliegenlarve

Laufkäfer

Solitärwespe

Geräumige Behausung

Dieser Unterschlupf besteht aus mehreren Kammern, die mit Reisig, Schilfrohr, Wellpappe usw. gefüllt sind. So wirst du zwar nicht nur deine Helfer, sondern auch ein paar Schädlinge anlocken, aber die einen werden die anderen schon fressen!

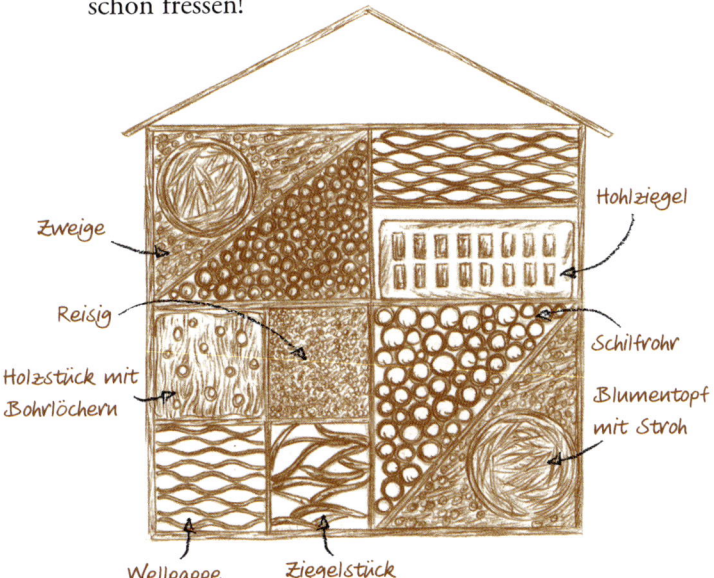

Zweige

Reisig

Holzstück mit Bohrlöchern

Wellpappe

Ziegelstück

Hohlziegel

Schilfrohr

Blumentopf mit Stroh

BRAVO, IHR TAUSENDFÜSSLER!

Mmh, lecker ...

Es gibt viele verschiedene Arten von Tausendfüßlern. Der Skolopender zum Beispiel ist ein besonders wertvoller Helfer für jeden Gärtner. Er frisst nämlich am allerliebsten die Eier von Schnecken und Ameisen.

Skolopender

Bitte nicht stören

Tagsüber versteckt sich der Skolopender unter flachen Steinen. Du solltest sie besser nicht umdrehen, denn dadurch verscheuchst du ihn.

Schattige Plätzchen

Lege in deinem Garten Bretter auf den Boden: Damit schaffst du schattige Rückzugsorte für Tausendfüßler. Wähle dafür Stellen aus, die sich in der Nähe der Schädlinge befinden.

DAS MACHT IHR TOLL, IHR BIENEN UND HUMMELN!

Fleißige Bestäuber

Bienen und Hummeln spielen bei der Fortpflanzung von Pflanzen eine wichtige Rolle. Wenn sie herumfliegen, um Nektar von den Blüten zu sammeln, transportieren sie nämlich gleichzeitig auch Pollenkörner von einer Blüte zur anderen. Und diese Pollenkörner sind für die Befruchtung notwendig. Ohne die Bienen und Hummeln gäbe es also keine Äpfel, keine Tomaten und keine Erdbeeren.

Biologischer Anbau

Bienen und Hummeln mögen keine Chemikalien. Entscheide dich daher für den biologischen Anbau, um sie nicht zu vertreiben oder gar zu töten. Verwende zum Beispiel lieber Kompost (siehe Seite 25) statt Handelsdünger.

Hummel

Biene

Insektenmagnet

Manche Pflanzen ziehen Honig sammelnde Insekten besonders stark an. Das gilt zum Beispiel für Fenchel, Majoran und Lavendel. Diese Pflanzen solltest du auf jeden Fall anbauen!

BIENEN IN GEFAHR!

Seit 1990 stellt man fest, dass ungewöhnlich viele Bienen sterben. Wahrscheinlich sind daran unter anderem die Chemikalien schuld, die in der Landwirtschaft verwendet werden. Das ist beunruhigend, denn 70% aller Pflanzen vermehren sich nur mithilfe von bestäubenden Insekten. Und das sind in allererster Linie Bienen!

DER KÜCHENGARTEN

Jeder Gärtner träumt davon, einen Küchengarten zu haben und sein eigenes Gemüse anzubauen. Dabei gibt es für jeden Geschmack und jede Gartengröße das passende Konzept. Du hast die Wahl!

BEVOR ES LOSGEHT

Hast du eine Pflanzschaufel und eine Kreuzhacke? Weißt du, wie man umgräbt und Unkraut jätet? Falls du diese beiden Fragen mit »Nein« beantworten musst, ist das kein Grund zur Panik! Auf den nächsten Seiten erfahren auch absolute Gartenanfänger alles, was sie wissen müssen.

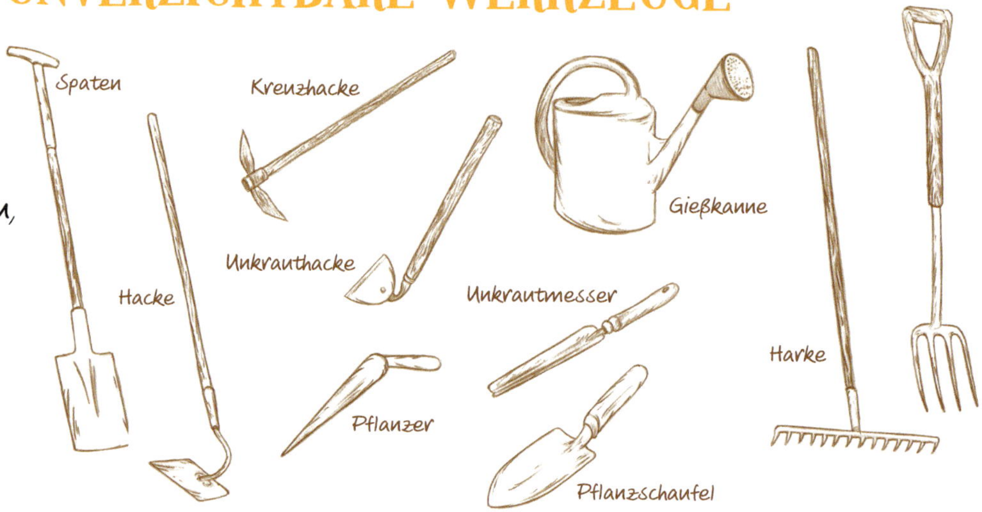

DIE WICHTIGSTEN HANDGRIFFE

1. Umgraben
Dabei wird die Erde umgedreht. Dadurch wird sie belüftet und aufgelockert.

UNVERZICHTBARE WERKZEUGE

Spatengabel

Spaten

Kreuzhacke

Gießkanne

Unkrauthacke

Unkrautmesser

Hacke

Pflanzer

Harke

Pflanzschaufel

Am einfachsten ist es, wenn du den Spaten mit dem Fuß in den Boden stößt und dabei dein ganzes Gewicht einsetzt.

2. Harken

Nach dem Umgraben sollte der Boden mit einer Harke glatt gezogen und eingeebnet werden.

3. Säen

Es gibt verschiedene Techniken, die Samen in die Erde zu bringen.

👌 Reihensaat

Ziehe mit dem spitzen Ende einer Kreuzhacke eine Furche in den Boden. Lege dann die Samen einzeln in einer Reihe nacheinander hinein und bedecke sie mit etwas Erde.

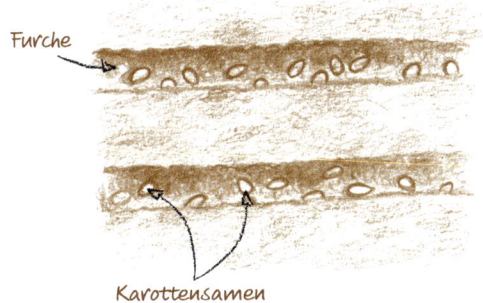

Furche

Karottensamen

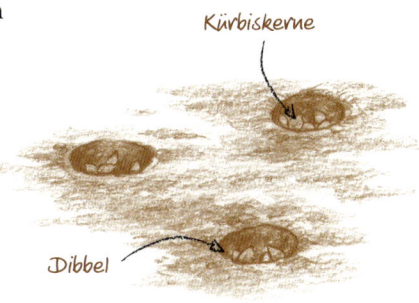

Kürbiskerne

Dibbel

👌 Dibbelsaat

Steche mit einem Pflanzer ein Loch (Dibbel) in den Boden und lege mehrere Samen hinein.

4. Auslichten

Wenn die Samen keimen und die Triebe sichtbar werden, wird es Zeit zum Auslichten: Das heißt, dass du die schwachen oder überzähligen Triebe entfernen musst, damit die zukünftigen Setzlinge mehr Platz haben.

5. Einpflanzen

Manche Pflanzen wirst du vielleicht nicht selbst aus Samen ziehen, sondern als Setzlinge in einem Topf bekommen. In diesem Fall solltest du sie vor dem Umtopfen erst in eine Wasserschüssel eintauchen und gut durchfeuchten.

Setze sie dann mit Hilfe einer Pflanzschaufel in die Erde.

Zucchini-Setzling in einem Torftopf

Torftöpfe kannst du mit in die Erde einpflanzen: Sie sind biologisch abbaubar.

6. Gießen

Damit deine Pflanzen wachsen, brauchen sie Wasser. Auch hier gibt es verschiedene Möglichkeiten, wie du sie mit Wasser versorgen kannst.

👌 Gießen mit sanftem Strahl

Wenn du den Fuß einer Pflanze gießt, solltest du den Gießkannenaufsatz abnehmen.

👌 Beregnen

Bei dieser Technik wird der Beregnungsaufsatz der Gießkanne verwendet. Diese Methode eignet sich nur für Sämlinge, die noch klein und schwach sind.

7. Unkraut jäten

👌 Entferne regelmäßig mit einer Unkrauthacke das zwischen den Reihen wachsende Unkraut.

👌 Tief reichende Wurzeln kannst du mit einem Unkrautmesser beseitigen.

8. Auflockern

Damit das Wasser bis zu den Wurzeln durchdringen kann, solltest du die Erde von Zeit zu Zeit mit einer Hacke auflockern.

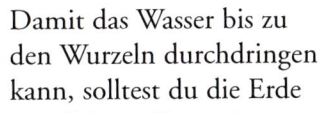

OBST- UND GEMÜSEBEET

Du hast ein bisschen Platz in deinem Garten, wo du gern Tomaten, Salat, Bohnen und Erdbeeren anpflanzen würdest? Hier erfährst du, wie du dein eigenes Beet mit leckerem Obst und Gemüse anlegst. Du wirst sehen, es ist ganz einfach!

DIE PLANUNG

Wähle einen hellen, windgeschützten Platz aus. Er sollte etwa 4 x 4 m groß sein. Entscheide dann, welches Obst und Gemüse du anbauen möchtest. Wie wäre es zum Beispiel mit ein paar Beerenfrüchten? Zeichne einen Plan, damit du dir besser vorstellen kannst, wie alles einmal aussehen soll.

DER BODEN

Grabe im Herbst den Boden mit einem Spaten um. Bei steinigeren Böden nimmst du besser eine Spatengabel zur Hilfe. Durch das Umgraben sollen die tieferen Bodenschichten nach oben geholt und dem kalten Winterwetter ausgesetzt werden. Das tötet Schädlinge ab. Rupfe das Unkraut aus und verbrenne es. Im Frühling jätest du dann noch einmal Unkraut und harkst die Erde auf. Ab Mai, wenn kein Frost mehr droht, kannst du mit dem Pflanzen und Säen beginnen.

Im Frühling wird der Boden mit einer Harke glatt gezogen und eingeebnet.

PFLANZEN UND SÄEN

Tomaten

Pflanzzeit
J F M A M J J A S O N D
Erntezeit

Pflanze deine Tomatensetzlinge in einem Abstand von 80 cm. Stecke neben jeden Setzling eine 2 m hohe Stütze in die Erde: Sie wird die Pflanze in ihrer Wachstumsphase stützen. Entferne von Zeit zu Zeit Triebe ohne Fruchtansatz und achte darauf, die Tomatenpflanze regelmäßig zu gießen. Dabei sollten die Blätter nicht nass werden, weil sonst Krankheiten entstehen können.

Salatsetzling

Grüne Bohnen

Aussaat
J F M A M J J A S O N D
Erntezeit

Die Aussaat erfolgt in Reihen oder Dibbeln (siehe Seite 19). Lege je drei bis vier Samen in ein Loch und halte dabei einen Abstand von 30 bis 40 cm ein. Wenn die Pflanze 10 cm hoch ist, häufelst du sie mit einer Hacke an. Dabei legst du rund um den Fuß der Pflanze einen kleinen Erdhaufen an.

Tomatensetzling

Salat

Pflanzzeit/Aussaat
J F M A M J J A S O N D
Erntezeit

Du kannst entweder junge Salatköpfe direkt im Freiland pflanzen oder Samen aussäen. Halte dabei einen Abstand von 30 cm ein. Wenn du dich für das Aussäen entschieden hast, musst du die Sämlinge später pikieren, das heißt, sie so verpflanzen, dass sie genügend Abstand voneinander haben. In jedem Fall solltest du den Boden mithilfe einer Hacke belüften und Unkraut entfernen. Gieße die Salatpflanzen sparsam und decke den Boden rundherum mit Stroh ab.

Bohnensetzling

Radieschen

Aussaat

J F **M A M J J A** S O N D
Erntezeit

Radieschen werden in Reihen- oder Breitsaat ausgesät. Bei der Breitsaat werden die Samenkörner breitflächig verteilt. Sobald die Sämlinge zwei oder drei Blätter haben, müssen sie ausgelichtet werden (siehe Seite 19). Radieschen solltest du zwei Mal pro Woche gießen.

Radieschensetzlinge

Erdbeeren

Pflanzzeit

J F M A **M J J A S** O N D
Erntezeit

Wähle kletternde Sorten und pflanze sie in einen Blumenkübel oder in einer Ecke des Gartens ein. Sie tragen zwei Mal im Jahr Früchte. Denke daran, ihre Erde regelmäßig mit Naturdünger anzureichern und sie gut zu gießen – vor allem im Sommer.

Zucchinisetzling

Zucchini

Pflanzzeit

J F M A M **J J A S** O N D
Erntezeit

Wähle Sorten, die nicht allzu starkwüchsig sind. Halte trotzdem einen Abstand von 1 m zwischen den verschiedenen Setzlingen ein, denn eine Zucchinipflanze wird richtig groß. Während der Wachstumsphase solltest du den Boden rund um die Pflanze mit Stroh auslegen und gut gießen.

Erdbeerpflanze

Salat- und Gewürzgurken

Pflanzzeit

J F M A M **J J A S** O N D
Erntezeit

Pflanze die Gurken in Torftöpfen direkt ins Freiland. Halte dabei einen Abstand von 1 m ein. Eine Klettervorrichtung sorgt dafür, dass die Pflanzen deinen Garten nicht überwuchern. Gieße von Zeit zu Zeit und entferne Triebe, die keine Früchte ansetzen.

Klettervorrichtung

Gurkensetzlinge

DEIN MINI-KÜCHENGARTEN

Du träumst davon, einen Garten zu haben, lebst aber in der Stadt und hast nur ganz wenig Platz? Das muss kein Hindernis sein! Einen Mini-Küchengarten kannst du auch auf deiner Terrasse, deinem Balkon oder sogar deiner Fensterbank anlegen. So steht deiner Gartenleidenschaft auch in der Stadt nichts im Wege.

AUF DER TERRASSE

Anbau direkt auf dem Boden

Die meisten Gärtner in der Stadt bauen ihr Gemüse in Töpfen und Kübeln an. Es gibt aber noch eine andere Lösung: Gemüsebeete direkt auf dem Boden! Dafür musst du auf dem Plattenbelag deiner Terrasse nur ein paar Schutz-schichten auftragen, Erde aufschütten und dein Beet mit einer Einfassung, zum Beispiel aus Ziegelsteinen, versehen.

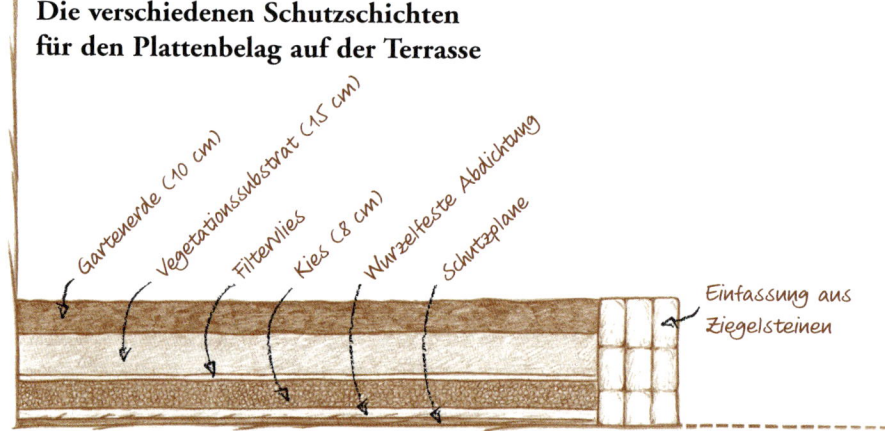

Die verschiedenen Schutzschichten für den Plattenbelag auf der Terrasse

Haus

Gartenerde (10 cm)

Vegetationssubstrat (15 cm)

Filtervlies

Kies (8 cm)

Wurzelfeste Abdichtung

Schutzplane

Terrasse

Einfassung aus Ziegelsteinen

Anordnung der Pflanzen

Besorge dir Samen oder Setzlinge im Topf. Hochwachsende Pflanzen, wie zum Beispiel Tomaten, pflanzt du am besten am hinteren Beet-rand. Denke daran, ihnen ein paar Stützen zur Seite zu stellen, damit sie sich anlehnen können, wenn sie größer werden. Auch Kletterpflanzen wie Gurken solltest du mit einer Klettervorrichtung, zum Beispiel aus Holz, im hinteren Bereich setzen. Im vorderen Bereich des Beets kannst du dann die kleineren Gemüsesorten anpflanzen.

In der Höhe

Wenn deine Terrasse von Mauern oder Geländern umgeben ist, kannst du außerdem Blumentöpfe und Blumenkästen aufstellen oder aufhängen. Mit Verzierungen kannst du ihnen eine ganz persönliche Note geben.

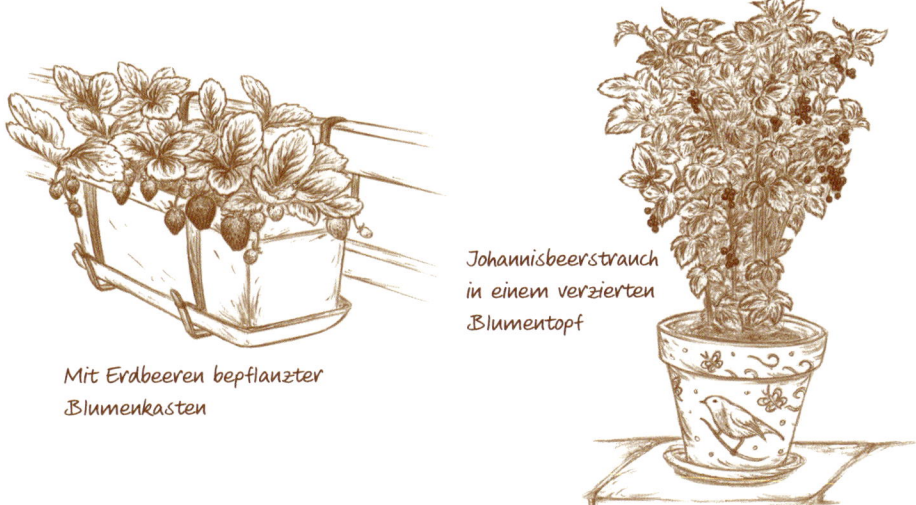

Mit Erdbeeren bepflanzter Blumenkasten

Johannisbeerstrauch in einem verzierten Blumentopf

AUF DEM BALKON

Stelle auf dem Boden Blumentöpfe und große Kübel auf. Hier finden Tomaten, Zucchini und Bohnen Platz. In einem Trog mit Klettergerüst lassen sich außerdem Kletterpflanzen anbauen. In den Blumenkästen am Balkongeländer kannst du Erdbeeren, Salat und Radieschen ziehen. Und wenn du magst, kannst du an der Hauswand Töpfe mit Blumen aufhängen, die nützliche Insekten anlocken (siehe Seite 16 – 17).

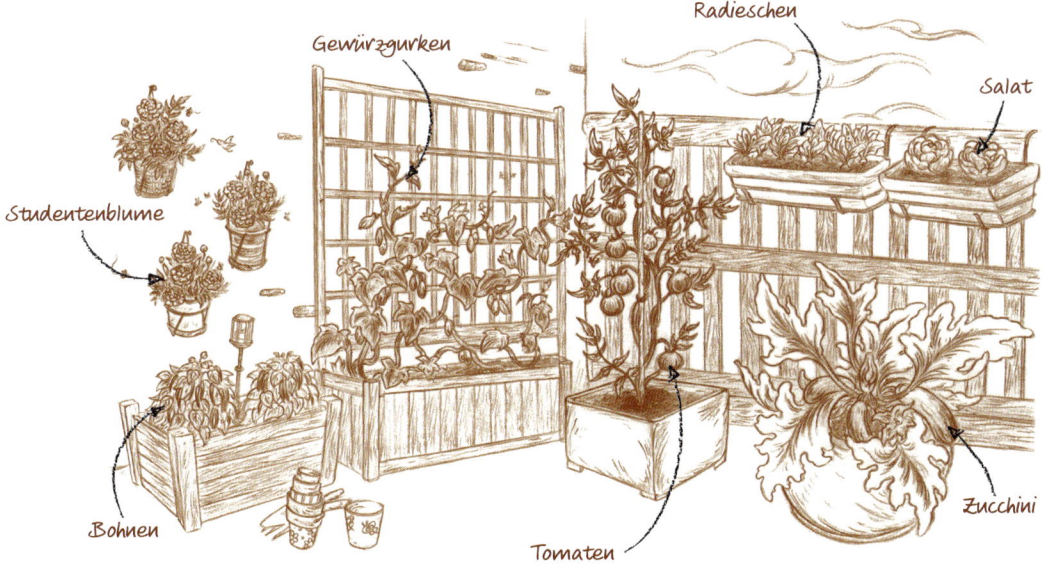

Gewürzgurken
Radieschen
Salat
Studentenblume
Bohnen
Tomaten
Zucchini

AM FENSTER

Sogar auf deine Fensterbank passt ein Mini-Küchengarten. Wenn du einen Blumenkasten mit einer Klettervorrichtung ausstattest, kannst du darin Tomaten anbauen. Blumentöpfe in Wandhalterungen sind platzsparend und eignen sich zum Beispiel für Kräuter. Wenn vor deinem Fenster keine Absturzsicherung vorhanden ist, solltest du eine Schutzvorrichtung anbringen lassen, damit deine Pflanzen bei windigem Wetter nicht herunterfallen.

Schnittlauch
Thymian
Petersilie
Wandhalterung
Minze
Blumenkasten mit Klettervorrichtung
Schutzvorrichtung

MINIGEMÜSE

Zum Entzücken vieler Gärtner gibt es auch besonders klein wachsende Gemüsesorten. Sie wurden extra für kleine Gärten gezüchtet und sehen sehr putzig aus: runde Karotten, winzige Gurken und Tomaten, Mini-Blumenkohl und Kürbisse, die nicht größer sind als Orangen!

FANTASIEVOLLE DEKORATION

Hast du alles ausgesät und eingepflanzt? Dann ist es jetzt an der Zeit, deinen Garten zu dekorieren! So vergeht die Zeit schneller, bis du die ersten Früchte ernten kannst. Hier findest du ein paar witzige Ideen!

Begrüßungspfahl

Stelle am Eingang zu deinem Garten einen dicken Ast auf und verkleide ihn als Begrüßungspfahl. Bringe eine Tafel an und heiße deine Besucher willkommen. Dekoriere den Ast zum Beispiel mit einem Blumentopf oder einem Glöckchen.

Außergewöhnliche Schilder

Bastle Schilder aus ungewöhnlichen Gegenständen und Materialien: Bemale zum Beispiel Dachziegel, kleine Schiefertafeln oder dekorative Bilderrahmen und stecke sie auf Holzstäbe. Auf diese Schilder kannst du dann die Namen der jeweiligen Pflanzen schreiben, damit du auch später noch weißt, was du wo gepflanzt hast. Dadurch gibst du deinem Garten einen ganz neuen Look!

Lustige Stützen

Schmücke die Stützen deiner Pflanzen, indem du ihnen einen lustigen »Kopf« bastelst. Eine Plastikflasche oder ein umgedrehter Blumentopf eignen sich hervorragend. Werde zum Künstler und male ihnen verschiedene Gesichter.

Mit Wolle kannst du ihnen außerdem noch Haare basteln.

GARTEN DER NATIONEN

Viele Obst- und Gemüsesorten, die bei uns angebaut werden, stammen ursprünglich aus anderen Ländern. So kamen zum Beispiel die Tomaten und Kartoffeln aus Peru zu uns, der Knoblauch aus Ägypten, die Bohnen aus Kuba und die Himbeeren von Kreta. Wäre es nicht schön, wenn du diese Herkunftsländer in deinem Garten durch kleine Flaggen kennzeichnen würdest?

HAUSKOMPOST

Nichts versorgt die Erde deines Gartens so gut mit Nährstoffen wie Kompost. Damit du das ganze Jahr über etwas davon hast, solltest du dir einen Komposter zulegen. Er verwandelt deine natürlichen und pflanzlichen Abfälle in Naturdünger.

Wie funktioniert das?

Die Abfälle, die du in den Komposter wirfst, werden durch das Zusammenspiel von Bakterien, Mikroorganismen, Feuchtigkeit und Luft zersetzt. Es dauert ungefähr sechs Monate, bis ein guter Naturdünger entsteht.

Spezielle Abfälle

Nicht alle Abfälle sind für den Komposter geeignet. Werfe nur Obst- und Gemüse-schalen, verdorbenes Obst und Gemüse, Schurwolle, Grünschnitt, verblühte Blumen usw. hinein.

Regelmäßige Pflege

Gieße und wende deinen Kompost regelmäßig mithilfe einer Heugabel, damit er befeuchtet und durchlüftet wird. Während der ersten drei Monate solltest du das jedes Mal tun, wenn du ihn mit neuen Abfällen auffüllst. Später reicht es alle zwei Wochen.

Komposter aus Holz

Komposter mit einem Drahtgitter

BRENNNESSELJAUCHE

Lasse in einem mit Wasser gefüllten Eimer Brennnesselblätter verfaulen. Das ergibt einen sehr wirksamen Naturdünger. Wenn du deine Pflanzen mit dieser Mischung gießt, wachsen sie besser. Brennnessel-jauche hilft außerdem gegen Krankheiten, die durch winzige Pilze verursacht werden (siehe Seite 26).

Verwendung

Verwende deinen Kompost zu Beginn des Frühjahrs als Dünger für Pflanzen, die sehr viele Nährstoffe brauchen, wie zum Beispiel Tomaten, Kürbisse und Zucchinis. Die Pflanzen bringen dann besonders schöne Früchte hervor.

PFLANZENDOKTOR

Auch Pflanzen können krank werden.

Lerne, ihre Krankheiten zu erkennen und zu behandeln
– am besten mit Heilmitteln aus der Natur!

Falscher Mehltau

🤚 **Anzeichen:** Braune Flecken und weißer Belag auf den Blättern, später Flecken am Stängel und Pusteln auf den Früchten.

🤚 **Ursache:** Winzig kleiner Algenpilz, der sich bei Feuchtigkeit entwickelt.

🤚 **Gegenmittel:** Entferne die befallenen Pflanzenteile. Stelle eine Lösung aus Natriumhydrogencarbonat und Kernseife her. Natriumhydrogencarbonat kannst du als Backsoda in der Apotheke kaufen. Für die Lösung mischst du jeweils einen Teelöffel Backsoda und einen Teelöffel Kernseife mit einem 1 l Wasser und besprühst die Pflanzen damit.

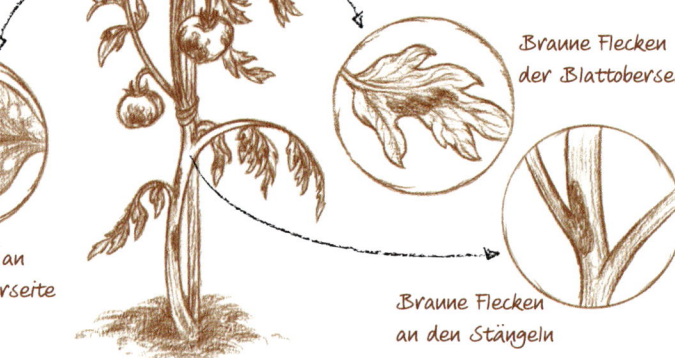

Tomatenpflanze mit Falschem Mehltau

Weißer Belag an der Blattunterseite

Braune Flecken auf der Blattoberseite

Braune Flecken an den Stängeln

Echter Mehltau

🤚 **Anzeichen:** verformte Blätter, weißer Belag auf den Blättern, an den Stängeln und manchmal an den Blüten.

🤚 **Ursache:** Winzig kleiner Pilz. Seine Entstehung wird durch Feuchtigkeit und Überdüngung begünstigt.

🤚 **Gegenmittel:** Entferne die befallenen Teile und besprühe die Pflanze mit Brennnesseljauche (siehe Seite 25). Dünge die Pflanze nicht mehr und gieße sie weniger.

Zucchinipflanze mit Echtem Mehltau

Weißer Belag auf den Blättern

Rostkrankheit

🤚 **Anzeichen:** Braune Flecken und orangefarbene Pusteln auf den Blättern.

Blätter eines Birnbaums mit der Rostkrankheit

Pusteln an der Blattunterseite

Braune Flecken auf der Blattoberseite

🤚 **Ursache:** Winzig kleiner Pilz, der sich bei Regenwetter ausbreitet.

🤚 **Gegenmittel:** Schneide die befallenen Pflanzenteile ab und vernichte stark befallene Pflanzen. Besprühe die Pflanze mit Schachtelhalmextrakt (das kannst du im Gartencenter kaufen).

Bakterienwelke

🤚 **Anzeichen:** Vergilben, dann Abfaulen der Wurzeln, Knollen und Früchte.

Erdbeere mit Bakterienwelke

🤚 **Ursache:** Winzig kleiner Pilz, der durch schlecht gereinigtes Gartenwerkzeug in die Pflanze gelangt.

🤚 **Gegenmittel:** Leider kann man kaum etwas dagegen tun. Entferne die kranken Pflanzenteile und vernichte zu stark befallene Pflanzen.

VOGELSCHEUCHE

Wenn Vögel deine Erdbeeren und Johannisbeeren plündern, gibt es nur eine Lösung: Du musst sie erschrecken! Baue eine Vogelscheuche, die im Sonnenlicht glänzt und im Wind klappert. Das wird die kleinen Leckermäuler ganz sicher vertreiben.

- 12 Konservendosen
- 1 Blumenübertopf aus Metall
- 1 Kanister
- Schere
- Draht
- Seitenschneider zum Drahtschneiden
- 4 ausgediente CDs
- 3 Kronkorken
- Kraftkleber

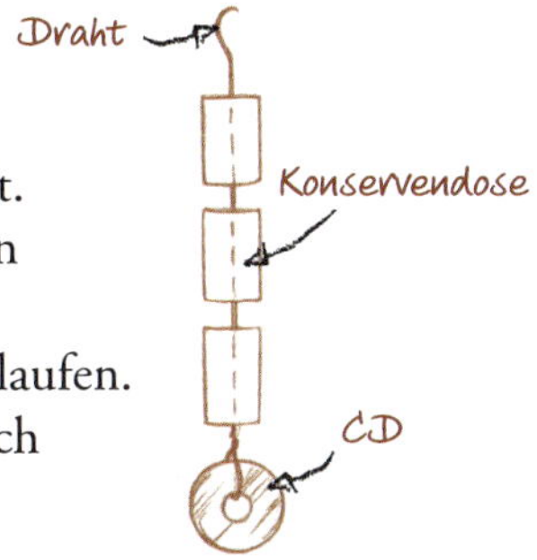

👆 Bohre mit der Schere jeweils ein Loch in den Boden der Konservendosen, des Übertopfs und des Kanisters. Lass dir dabei wenn nötig von einem Erwachsenen helfen.

👆 Mache außerdem oben an beiden Seiten des Kanisters ein Loch und fädele einen Draht hindurch.

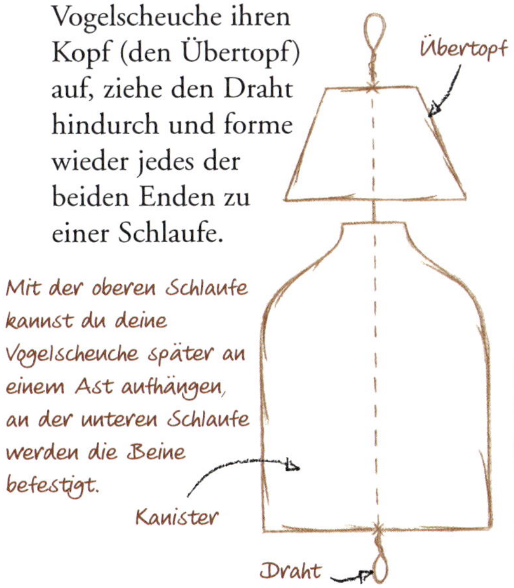

👆 Die Arme und Beine werden aus den Konservendosen hergestellt. Fädele die Dosen dazu hintereinander durch die Bohrlöcher auf ein langes Stück Draht auf.

👆 Ziehe dann für die Füße und Hände die CDs durch die Endschlaufen.

👆 Nun musst du nur noch die Kronkorken (mit der Innenseite nach außen) als Augen und Nase auf den Übertopf aufkleben.

Draht

Konservendose

CD

Binde die beiden Drahtenden jeweils zu einer Schlaufe: Daran kannst du später die Arme befestigen.

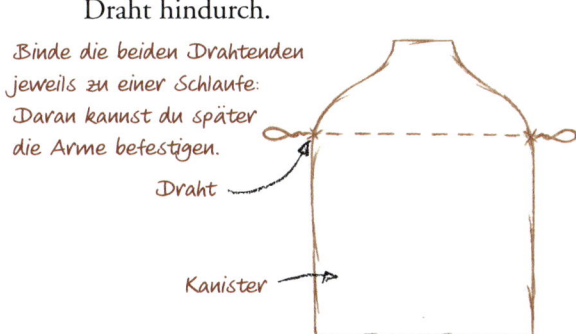

Draht

Kanister

👆 Fädele ein anderes Stück Draht durch das Loch im Kanisterboden und schiebe es durch den Kanister, bis es oben aus der Einfüllöffnung herausragt. Setze der Vogelscheuche ihren Kopf (den Übertopf) auf, ziehe den Draht hindurch und forme wieder jedes der beiden Enden zu einer Schlaufe.

Übertopf

Mit der oberen Schlaufe kannst du deine Vogelscheuche später an einem Ast aufhängen, an der unteren Schlaufe werden die Beine befestigt.

Kanister

Draht

KRÄUTER

Ohne Kräuter würde deinem Garten etwas Wichtiges fehlen. Kräuter duften gut, sie verfeinern deine Speisen und besitzen viele andere tolle Eigenschaften. Kein Wunder also, dass sie bei den Gartenbesitzern so beliebt sind!

DUFTOASE

Lerne die wichtigsten Kräuter kennen und lege dir aus Ziegelsteinen einen kleinen Kräutergarten auf deinem Balkon an. So hast du Basilikum und Petersilie immer in Reichweite!

AUSWAHL FÜR GENIESSER

Basilikum

Basilikum eignet sich perfekt zum Würzen von Salaten oder Nudelgerichten. Es verströmt einen intensiven Duft, in dem du je nach Sorte einen Hauch Jasmin, Lakritze oder Zitrone erkennen kannst.

Minze

Es gibt viele verschiedene Minzsorten, zum Beispiel Grüne Minze, Pfefferminze, Zitronenminze usw. Minze verleiht vielen Speisen der nordafrikanischen Küche ein feines Aroma und ist ein wunderbares Gewürz für Obstsalate und Tees.

Salbei

Salbei hat ein ganz besonderes Aroma und wird als Gewürz für Braten und bestimmte Soßen verwendet.

Zitronenverbene

Aus dieser Pflanze kannst du einen hervorragenden Kräutertee zubereiten (siehe Seite 30). Ihre Blätter duften frisch nach Zitrone und vertreiben Stechmücken.

Petersilie

Fein geschnittene Petersilie ist eine schöne und leckere Verzierung für grünen Salat und Rohkost. Die Kräutermischung Persillade passt sehr gut zu Pilzen. Sie besteht aus klein gehackter Petersilie, gemischt mit fein geschnittenem Knoblauch.

Schnittlauch

Wenn du fein geschnittenen Schnittlauch mit Quark mischst, hast du im Handumdrehen einen vorzüglichen Dip zu Rohkost!

KRÄUTERGÄRTCHEN AUS ZIEGELSTEINEN

- 3 oder 4 Schalungsziegel
- Gartenerde
- Samen
- Gießkanne

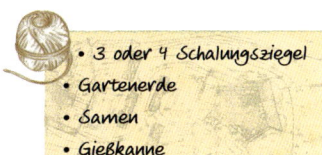

Operation
»Anlegen und Aussäen«

🌿 Kaufe in einem Baumarkt drei oder vier große Schalungsziegel in verschiedenen Höhen.

🌿 Lege dein Kräutergärtchen an einem sonnigen Ort an. In der heißen Mittagszeit sollte es allerdings ein bisschen Schatten haben.

🌿 Ordne deine Ziegelsteine so an, dass es schön aussieht.

🌿 Fülle die Löcher mit Gartenerde und säe deine Samen als Dibbelsaat aus (siehe Seite 19). Wähle dabei pro Ziegelstein immer nur eine Pflanzenart. Gieße alles vorsichtig an.

🌿 Wenn die Aussaat im Frühling erfolgt, werden deine Samen je nach Art im Mai und Juni keimen.
Du solltest sie alle drei bis vier Tage sparsam gießen, damit die jungen Triebe wachsen.

Die Löcher der Schalungsziegel müssen mindestens 10 cm groß sein, damit deine Pflanzen nicht zu sehr eingeengt werden.

Am Anfang solltest du zum Schutz deiner Sämlinge beim Gießen den Beregnungsaufsatz verwenden.

Pflege
Sobald deine Pflanzen gut entwickelt sind, solltest du sie nur noch einmal pro Woche gießen und welke Blüten regelmäßig entfernen.

Maßvoll ernten
Kräuter werden nach Bedarf geerntet. Damit die Pflanze nicht geschwächt wird, solltest du aber nie mehr als zwei oder drei Zweige auf einmal von derselben Pflanze pflücken.

LECKEREN KRÄUTERTEE HERSTELLEN

Aus den Blättern der Zitronenverbene lässt sich ein hervorragender Kräutertee herstellen. In südlichen Ländern kann die Zitronenverbene in der freien Natur wachsen und draußen überwintern. Wenn die Winter in deiner Gegend kalt sind, solltest du diese Gewürzpflanze aber besser im Topf anbauen.

Gewusst wie

Als beste Pflanzzeit gilt der Monat Mai. Aber Achtung: Die Zitronenverbene mag keine kalkhaltigen Böden! Kalkhaltige Böden erkennst du daran, dass sie hell sind und dort oft Disteln und Mohnblumen wachsen. Bei der Pflanzung in Töpfen solltest du für eine leichte Erde (Mischung aus Erde und Sand) sorgen.

🌿 Kaufe eine Zitronenverbene im Topf.

🌿 Tauche den Setzling in ein Wasserbad.

🌿 Entferne den Topf und lockere den Wurzelballen.

🌿 Setze ihn mithilfe einer Pflanzschaufel in die Erde.

🌿 Fülle Erde auf und gieße die Pflanze gut an.

Den Wurzelballen kannst du auflockern, indem du die Wurzeln vorsichtig mit den Fingern entwirrst.

Wasser, immer und immer wieder

Versorge deine Pflanze jede Woche mit Wasser. Wenn sie nämlich unter Wassermangel leidet, wirft sie ihre Blätter ab.

Ernten und trocknen

🌿 Ernte die Blätter vor der Blütezeit. Die Zitronenverbene blüht im Sommer oder zu Beginn des Herbstes.

🌿 Lasse die Blätter im Schatten an einem geschützten Ort trocknen. Das Trocknen sollte nicht zu lange dauern, sonst verlieren die Blätter ihr Aroma.

Breite die Blätter zum Trocknen flach auf Küchenpapier aus.

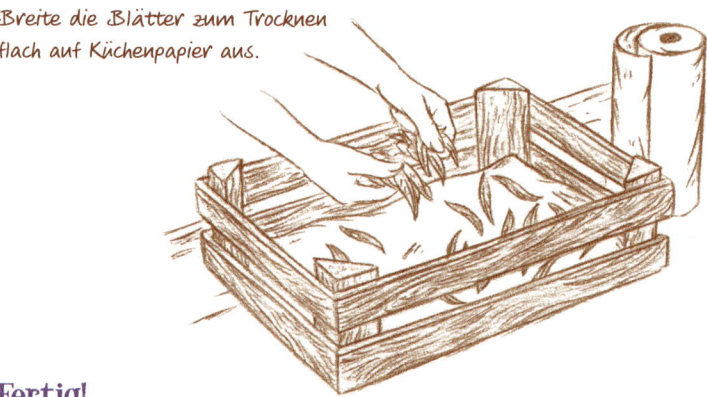

Fertig!

Jetzt kannst du dir einen hausgemachten Kräutertee zubereiten! Verwende dazu 30 g Blätter für ½ l Wasser.

🌿 Gieße kochendes Wasser über die Blätter.

🌿 Lasse den Tee ein paar Minuten ziehen, damit sich sein Aroma entfalten kann.

Pflege

Schneide die Zweige im Februar mit einer Gartenschere herunter. Dadurch wird das Wachstum der Pflanze angeregt.

KRÄUTER DER PROVENCE

Bestimmt hast du schon einmal von den »Kräutern der Provence« gehört. Sie werden in der Küche sehr häufig zum Würzen von Grillgerichten verwendet. Hinter dem Namen »Kräuter der Provence« verbergen sich die Kräuter Oregano, Thymian, Bohnenkraut und Rosmarin.

Was ist beim Anbau zu beachten?

Diese vier Pflanzen haben eins gemeinsam: Sie lieben die Sonne und kalkhaltige Böden. Falls der Boden in deinem Garten nicht geeignet ist, kannst du sie in Töpfe mit Universalerde einpflanzen. Am besten säst du sie selbst aus. Aber du findest auch in Gärtnereien schöne Setzlinge, die gut anwachsen werden, wenn du sie Ende Mai einpflanzt.

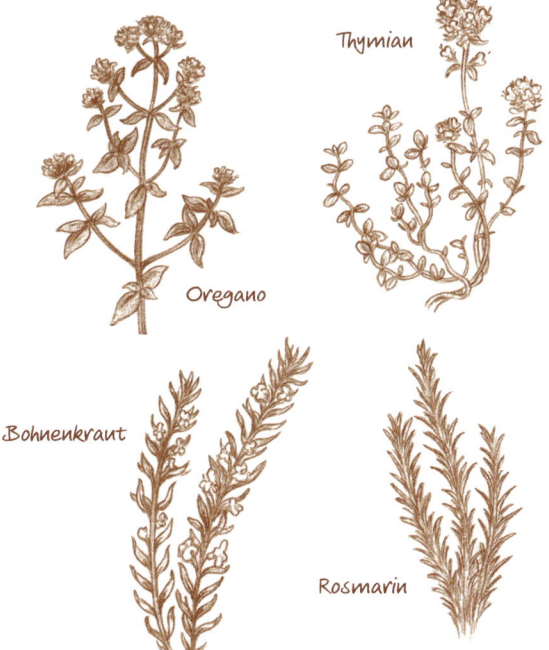

Thymian

Oregano

Bohnenkraut

Rosmarin

Nach der Blüte

🌱 **Oregano:** Schneide die Pflanze ruhig bis knapp über den Boden zurück. Sie wird dann noch viel schöner nachwachsen.

🌱 **Bohnenkraut:** Schneide die Pflanze gegen Ende des Sommers leicht zurück, damit sie sich erneuern kann.

🌱 **Rosmarin:** Kürze die Zweige im August um ein Drittel, damit der Strauch kompakt bleibt.

🌱 **Thymian:** Schneide die Pflanze ein bisschen zurück, damit sie gleichmäßig weiterwächst.

Eine gute Idee!

Besorge dir in einem Trödelladen oder auf einem Bauernhof ein altes Wagenrad. Grabe es halb in den Boden ein und pflanze deine Kräuter zwischen die Speichen.

ZIERPFLANZEN

Was wäre ein Garten ohne Blumen! Einzeln oder in Gruppen bringen sie mit ihren Farbtupfern das Grün der Bäume, der Hecken und des Rasens erst so richtig zur Geltung. Sie lassen sich sehr gut in Kübel und Töpfe pflanzen.

LEBENSDAUER VON PFLANZEN

Es gibt unglaublich viele verschiedene Blumen, da ist es gar nicht so einfach, sich zurechtzufinden! Wir unterscheiden daher vier große Gruppen je nach ihrer Lebensdauer: Es gibt einjährige und zweijährige Pflanzen, Stauden und Zwiebelpflanzen.

Einjährige Pflanzen

Die Lebensdauer dieser Pflanzen beträgt nur ein Jahr. Sie werden im Frühling ausgesät, blühen und entwickeln neue Samen im Sommer oder Herbst und sterben, wenn die ersten kalten Tage kommen.

Ringelblumen

Zweijährige Pflanzen

Diese Pflanzen leben zwei Jahre. Im ersten Jahr wachsen nur ihre Wurzeln und Blätter. Die Blüten und Samen entwickeln sich erst im Laufe des zweiten Jahres.

Stiefmütterchen

Stauden

Stauden leben länger und bringen jedes Jahr wieder schöne neue Blüten hervor. Die oberirdischen Pflanzenteile sterben normalerweise im Winter ab und wachsen mit den ersten warmen Tagen wieder nach. Nur die Wurzeln überleben das ganze Jahr über.

Glockenblumen

Zwiebel- und Knollenpflanzen

Zwiebel- und Knollenpflanzen sind eine besondere Form von Stauden. Du erkennst sie an ihren knollenförmigen Wurzeln.

Schneeglöckchen

BLÜHENDE TIERE

Hast du Lust, deinen Garten etwas außergewöhnlicher zu gestalten? Dann sind Blumenbeete in Tierform genau das Richtige für dich! Krokodil- und Fischformen sind auch für Anfänger perfekt geeignet.

- Spatengabel
- Harke
- Feiner Sand
- Gießkanne
- Samenmischung für eine Blumenwiese
- Rasensamen

🥕 Bereite im Herbst den Boden vor: Bearbeite ihn zuerst mit der Spatengabel und ziehe ihn dann mit der Harke glatt und eben.

🥕 Zeichne mit Sand eine Krokodil-form vor.

🥕 Säe die Samenmischung für die Blumenwiese innerhalb dieser Form aus.

🥕 Drücke die Erde mit dem Rücken der Harke leicht an.

🥕 Säe außerhalb der Form die Rasensamen aus und drücke die Erde leicht an.

Versuche, die Samen so gleichmäßig wie möglich zu verteilen.

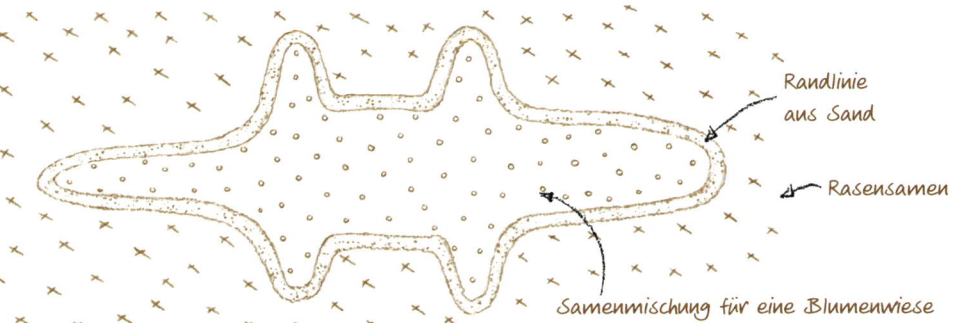

Randlinie aus Sand

Rasensamen

Samenmischung für eine Blumenwiese

🥕 Gieße deine Saat und verwende hierfür den Beregnungsaufsatz der Gießkanne (siehe Seite 19). Warte dann ab, bis die Samen keimen.

🥕 Wenn die ersten Triebe sichtbar werden, musst du besonders darauf achten, dass sie immer feucht genug sind: Gieße sie sparsam, aber regelmäßig, allerdings nicht bei Frost. Im Frühling wird dein blühendes Krokodil bald deutlich zu sehen sein.

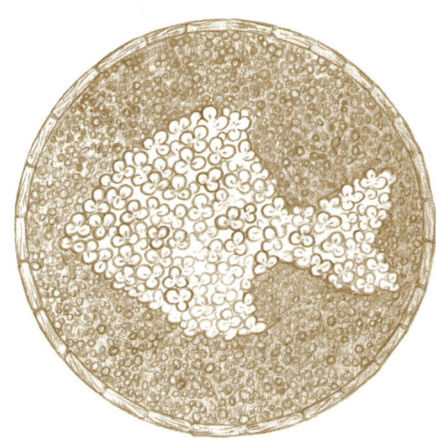

GRÜNER FISCH IM KIESBETT

🥬 Bedecke den Boden einer Wanne mit Kieselsteinen oder Tonscherben.

🥬 Fülle alles mit Erde auf.

🥬 Zeichne mit Sand die Form eines Fischs auf.

🥬 Säe innerhalb der Form Klee aus.

🥬 Verteile um die Form herum eine dünne Kiesschicht. Dadurch kommt die Fischform besser zur Geltung. Die beste Zeit für die Aussaat ist zu Beginn des Frühjahrs. Die Wachstumszeit dauert etwa drei Monate.

MAGISCHE KREISE AUF DEM RASEN

Hast du schon einmal »Hexenringe« gesehen? Das sind Pilze, die ganz natürlich in einer kreisförmigen Anordnung auf Wiesen wachsen. Mit Zwiebelpflanzen kannst auch du magische Kreise in deinen Garten zaubern. Du wirst staunen, wie fröhlich dein Rasen mit den bunten Kreisen aussehen wird!

PROBIER ES AUS!

🥕 Besorge dir im Herbst Blumenzwiebeln von Krokussen, Schneeglöckchen, Iris, Tulpen und Hyazinthen.

🥕 Zeichne eine Kreisform auf deinem Rasen ein. Stecke hierzu den Holzpflock dort in die Erde, wo die Mitte deines zukünftigen Kreises sein soll. Binde das eine Ende der Schnur an dem Pflock fest. An dem anderen Schnurende befestigst du den Stock. Damit kannst du nun den Boden markieren. Du kannst beliebig viele Kreise einzeichnen.

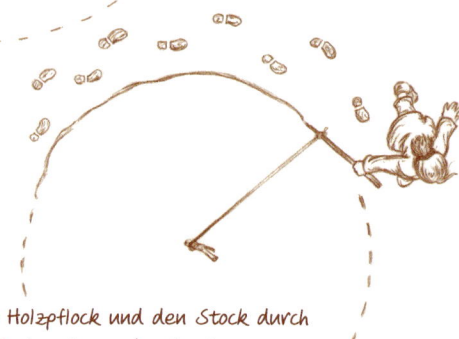

Wenn du den Holzpflock und den Stock durch die Schnur miteinander verbunden hast, musst du nur noch die Kreisform auf den Boden übertragen.

WAS FÜR EIN BLÜTENMEER!

Die Schneeglöckchen blühen ab Januar/Februar. Die Krokusse zeigen sich ab März. Danach kommen die Hyazinthen zum Vorschein (März/April), dann die Tulpen (April) und schließlich die Iris (Mai).

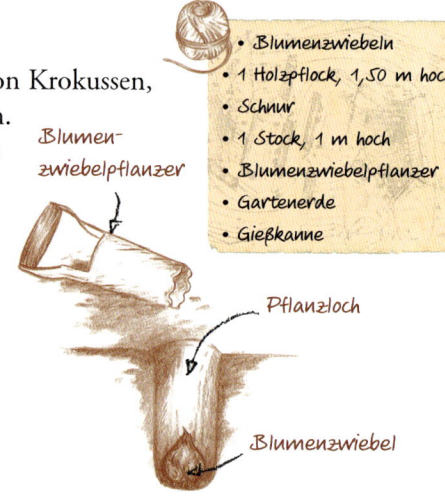

- Blumenzwiebeln
- 1 Holzpflock, 1,50 m hoch
- Schnur
- 1 Stock, 1 m hoch
- Blumenzwiebelpflanzer
- Gartenerde
- Gießkanne

Blumenzwiebelpflanzer

Pflanzloch

Blumenzwiebel

🥕 Hebe in jedem Kreis alle 8 cm mit dem Blumenzwiebelpflanzer ein Pflanzloch aus. Das Loch sollte dreimal so tief sein, wie die Blumenzwiebeln groß sind. Setze dann die Zwiebeln mit der Spitze nach oben in das Loch hinein. Achtung: Wenn du möchtest, dass alle Zwiebeln zur gleichen Zeit blühen, solltest du je Kreis immer nur eine Zwiebelsorte setzen.

🥕 Bedecke die Löcher mit Gartenerde und gieße alles reichlich.

Magischer Kreis aus Hyazinthen

PFLANZEN-TIPI

Man muss kein Indianerhäuptling sein, um sich ein Tipi aus Pflanzen zu bauen! Wenn du im Mai mit den Arbeiten beginnst, ist bis zu den Sommerferien alles fertig.

🥕 Zeichne einen Kreis auf deinem Rasen ein.

🥕 Hebe danach alle 30 cm Pflanzlöcher aus, um darin junge Kletterpflanzen, wie zum Beispiel Silberwinden, anzupflanzen.

🥕 Stecke dann in jedes Loch ziemlich tief eine 2 m hohe Stütze hinein. Binde alle Stützen oben mit einer Schnur fest zusammen.

🥕 Wenn das Laub wächst und sich um die Stützen windet, musst du nur noch einen Eingang freilegen.

GRÜNE WAND

Viele berühmte Gärtner liefern sich einen richtigen Wettstreit darum, wer am erfinderischsten ist, wenn es darum geht, graue Mauern zu begrünen und unsere Städte zu verschönern. Wir stellen dir hier eine ganz einfache Methode vor, mit der du ein sehr schönes Ergebnis erzielen kannst. So kannst du locker mithalten!

- Plastikkanister à 2 l
- Messer
- Gartenerde
- Samen
- Gießkanne
- Schrauben
- Draht

PACKEN WIR'S AN!

Wähle eine Wand aus, die du begrünen möchtest. Am besten eignen sich die Wände an einer Terrasse, einem Balkon oder einer Veranda.

Schneide die Kanister unten so ab, dass du den oberen Teil als Behälter verwenden kannst.

Bohre danach ein paar Löcher in die Verschlusskappe, damit überschüssiges Gießwasser abfließen kann.

Befestige deine Behälter mit den Schrauben und dem Draht an der Wand. Wähle dabei eine versetzte Anordnung und halte einen Abstand von 30 cm ein.

Fülle die Behälter mit Erde und säe die Samen ein. Gieße alles gut an, um die Keimung anzuregen. Du kannst auch Stecklinge verwenden (siehe Seite 11). Wenn du die Samen im Mai aussäst, werden deine Pflanzen schnell wachsen und schon bald die ganze Wand bedecken.

AUSWAHL DER PFLANZEN

Wähle Pflanzen aus, die überhängend wachsen. Wenn du kräftige Farben magst, eignen sich Petunien und Surfinien. Sie blühen sehr lange, allerdings musst du dem Gießwasser alle zwei Wochen etwas Dünger hinzufügen. Auch der Asparagus, eine Grünpflanze mit duftigen Blättern, sieht schön aus. Allerdings verträgt er nicht so viel Sonne.

Anordnung der Behälter an der Wand

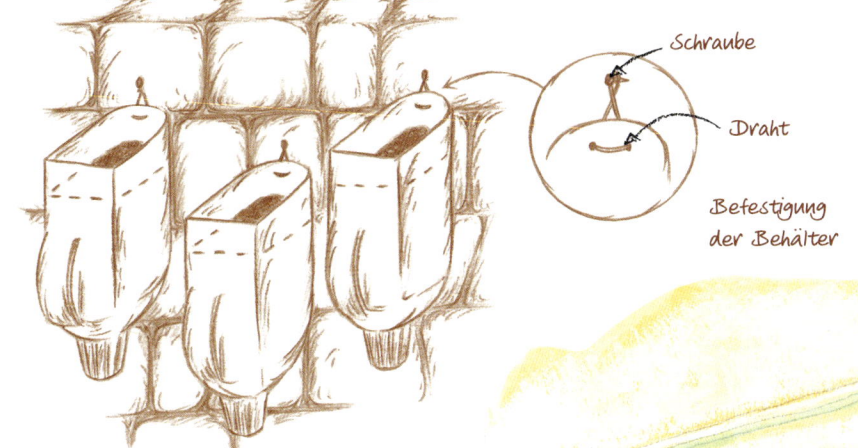

Schraube

Draht

Befestigung der Behälter

LUSTIGE PFLANZGEFÄSSE

Verwende ausgediente Behälter (oder auch ungewöhnliche Gegenstände) als Pflanzgefäß oder Übertopf für deine Pflanzen. Schau doch mal in deinem Keller oder auf dem Dachboden nach. Bestimmt entdeckst du dort wahre Schätze! In diesem Kapitel lernst du außerdem, wie du alte ausgeblichene Blumenkästen in richtige Schönheiten verwandelst.

SAMMELSURIUM AUS TÖPFEN

Kleine Abzugslöcher

Wenn du einen Gegenstand als Blumentopf verwenden möchtest, musst du ein paar Löcher in seinen Boden bohren, damit überschüssiges Gießwasser abfließen kann.

Duftender Waschzuber

Früher wusch man die Wäsche in großen Eisenwannen. Wenn du deinen Waschzuber mit Gartenerde füllst und ihn an einem sonnigen Ort aufstellst, werden sich buschige Sträucher, wie zum Beispiel Lavendel, sehr wohl darin fühlen.

Pflanzzeit
J F M **A M J** J A S O N D
Blütezeit

Designer-Wasserkessel

Ein alter Wasserkessel eignet sich wunderbar als Blumentopf, zum Beispiel für Fleißige Lieschen. Wenn du ihn schwarz anstreichst, sieht er wie ein Designer-Stück aus und bringt die kräftigen Farben der Blüten hervorragend zur Geltung.

Pflanzzeit
J F M A **M J J A S** O N D
Blütezeit

Fleißiges Lieschen

Blühende Regenrinne

Am Fuß einer Mauer oder an einem Balkongeländer entlang kann eine verzinkte Regenrinne zu einem sehr schönen Pflanzgefäß werden. Bepflanze sie mit überhängenden, aber nicht allzu großen Pflanzen, wie zum Beispiel blauem Vergissmeinnicht. Unter seinen wunderschönen blauen Blüten ist die Regenrinne schon bald kaum noch zu sehen.

Lavendel

Blaues Vergissmeinnicht

Pflanzzeit
J F M **A M J** J A S O N D
Blütezeit

ÜBERTÖPFE IN HÜLLE UND FÜLLE

Suppenterrine: Vornehme Eleganz

Wer hätte wohl gedacht, dass so eine angeschlagene Suppenterrine noch einmal zum Einsatz kommen würde? Deine Mama bestimmt nicht. Sie wollte sie wahrscheinlich sogar schon längst wegwerfen. Und dann so ein Erfolg! Ist diese Suppenterrine nicht ein unglaublich eleganter Übertopf für Chrysanthemen?

Obstkiste: Ländlicher Charme

Wo könnten deine Pflanzen schöner wirken als in einer solchen Obstkiste? Du kannst sie anmalen, wie es dir gefällt, und mehrere Töpfe hineinstellen. Am besten kommt sie in einer Ecke auf deiner Terrasse oder deinem Balkon zur Geltung.

Chrysanthemen

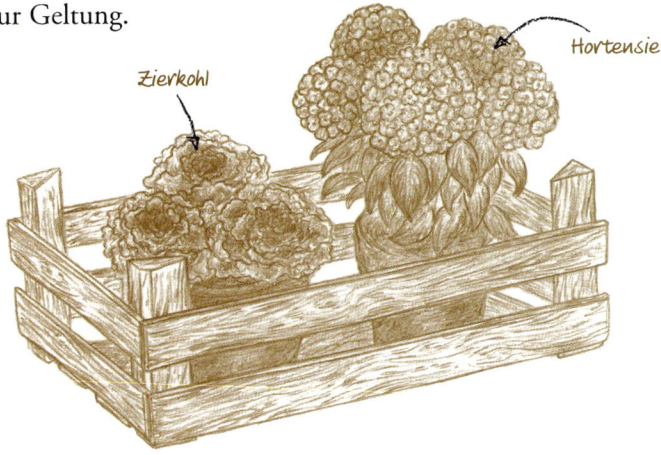

Zierkohl

Hortensie

BLUMENKÄSTEN: AUS ALT MACH NEU!

Du hast einen alten Blumenkasten, der gar nicht mehr schön aussieht? Unterziehe ihn einer Verjüngungskur und beklebe ihn mit einem Patchwork-Muster aus Tapetenresten.

🥕 Suche dir ein paar Tapetenreste zusammen: Versuche dabei, möglichst unterschiedliche Farben, Muster und Materialien zu finden. Falls du keine Tapetenreste findest, kannst du auch Werbeprospekte verwenden: Das Ergebnis wird mindestens genauso beeindruckend!

🥕 Schneide die gesammelten Tapeten oder Prospekte in Stücke.

🥕 Klebe sie mit einem wisch- und wetterfesten Klebstofflack auf den Blumenkasten.

🥕 Und schon ist dein neuer Blumenkasten einsatzfähig und sieht aus wie neu!

WASSERGARTEN

Seerosen wurzeln im Boden von Teichen, Weihern oder auch Flüssen und breiten sich an der Wasseroberfläche aus. Du würdest auch gern versuchen, Seerosen anzupflanzen? Nichts einfacher als das! Lege dir in einem halben Fass einen Wassergarten an.

- Halbes Fass
- Wasserundurchlässige Plane
- Kies
- Steine
- Nägel
- Hammer
- Seerosen-Pflanzen im Gittertopf
- Schwimmende Fontäne

VORBEREITUNG

🥕 Wähle einen sonnigen Standort in deinem Garten aus, denn je sonniger es ist, desto länger blühen die Seerosen.

🥕 Lege ein halbes Fass innen mit einer Plane aus, damit es dicht ist.

🥕 Beschwere die Plane am Boden mit Kies und einigen größeren Steinen und befestige sie am Rand mit Nägeln.

🥕 Fülle dein Fass mit Wasser.

🥕 Bedecke die Oberfläche der Gittertöpfe mit kleinen Kieselsteinen, damit die Erde nicht ausgespült wird.

🥕 Versenke die Gittertöpfe in dem Fass und klemme sie zwischen den Steinen am Boden ein.

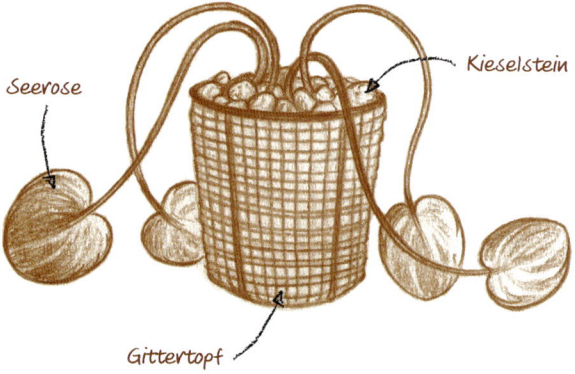

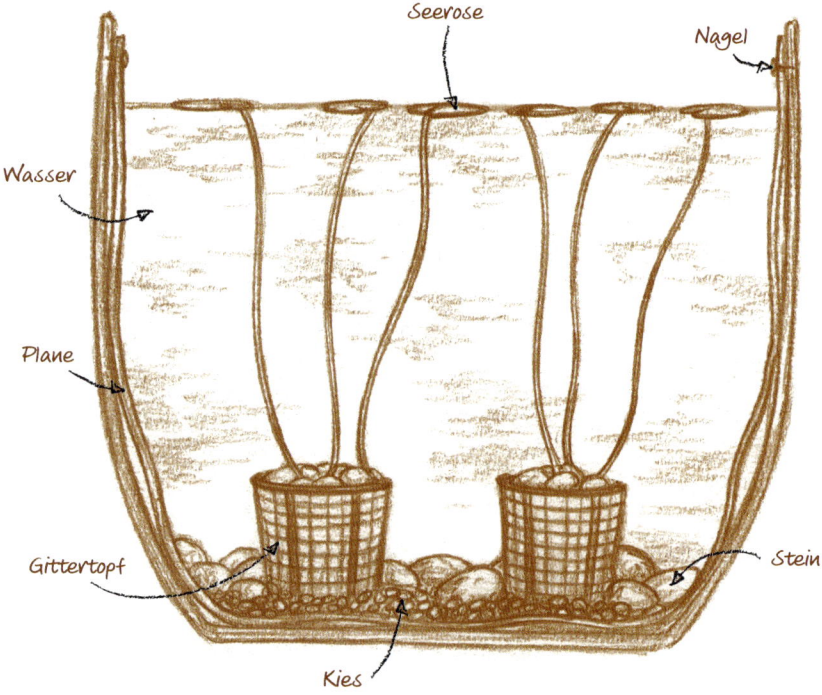

EIN HÜBSCHER KLEINER SPRINGBRUNNEN

Als Fontäne eignet sich ein solarbetriebenes schwimmendes Modell wunderbar. Durch eine eingebaute Pumpe wird Wasser aus dem Fass angesaugt und an die Oberfläche gedrückt.

🥕 Setze die kleine Fontäne ein: Sie reichert das Wasser mit Sauerstoff an und dient als Springbrunnen. Pflanze deine Seerosen am besten im Mai oder Juni. Ab dem nächsten Sommer werden sie von Mai bis September blühen.

BEWOHNER FÜR DEINEN TEICH

Wenn dein Fass mindestens 100 l Wasser fasst, kannst du darin ein Goldfischpärchen halten. Sie werden die Seerosen lieben, denn diese tragen nicht nur dazu bei, das Wasser mit Sauerstoff zu versorgen, sondern spenden ihnen außerdem Schatten. Du musst deine Teichbewohner auch nicht füttern: Sie finden in deinem Teich genug Mikroorganismen und Algen, die sich von selbst ansiedeln. Nur im Frühling ist eine kleine Nahrungsergänzung sinnvoll.

Wenn dir die Anpflanzung der Seerosen gelungen ist, kannst du deinen Wassergarten mit weiteren Pflanzen, wie zum Beispiel Wasserhyazinthen und Wasserpest-Arten, ergänzen.

PFLEGE WÄHREND DER VERSCHIEDENEN JAHRESZEITEN

Wenn es im Sommer sehr trocken ist, solltest du mit der Gießkanne vorsichtig ein bisschen Wasser in deinen Wassergarten nachfüllen. Achte darauf, dass dabei kein Schlamm vom Boden aufgewühlt wird, denn daran könnten deine Fische ersticken.

Wenn es kälter wird, verschwinden die Blätter und Blüten der Seerosen von der Wasseroberfläche.

Im Herbst musst du Blätter, die von den Bäumen ins Wasser gefallen sind, entfernen. Sie können zu Verunreinigungen führen.

Wenn das Wasser im Winter zufriert, solltest du das Eis auf keinen Fall zerbrechen: Es schützt deine Teichbewohner wirksam vor der Kälte und der Schock könnte schwerwiegende Folgen für sie haben. Sollten die Temperaturen wirklich sehr tief sinken, dann umhülle deinen Wassergarten rundherum mit Luftpolsterfolie und decke ihn oben mit einem Winterschutzvlies ab.

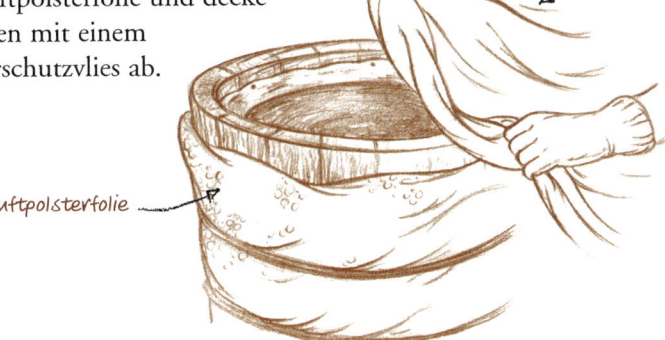

Winterschutzvlies

Luftpolsterfolie

STEINGARTEN

Die Kombination von Steinen und Pflanzen bietet viele Gestaltungsmöglichkeiten. Lege doch mal eine Steinrosette oder einen urzeitlichen Miniaturgarten an. Oder erschaffe in der Natur Kunstwerke aus Naturmaterialien.

EIN PAAR ECHTE HINGUCKER

Bevor du loslegst, solltest du zuerst prüfen, welche Pflanzen sich überhaupt für steinige Böden eignen. In diesem Kapitel stellen wir dir die beliebtesten Steingarten-Pflanzen vor:

Steinbrech

Pflanzzeit
J F M **A M J J** A S O N D
Blütezeit

Diese Pflanzen heißen so, weil sie auch in den allerwinzigsten Felsspalten noch wachsen können. In der Natur findest du sie vor allem in den Alpengebieten.

Filziges Hornkraut

Pflanzzeit
J F M **A M J J A S** O N D
Blütezeit

Das Filzige Hornkraut ist wegen seiner kleinen weißen Blüten und seinen silbriggrünen Blättern beliebt, die auch im Winter grün bleiben.

Filziges Hornkraut

Dickblattgewächse

Pflanzzeit
J F M A M **J J A S** O N D
Blütezeit

Zu dieser Pflanzenfamilie gehören Pflanzen mit fleischigen Blättern, die manchmal auch als kleine Sträucher wachsen. Sie können auch bei Trockenheit und Kälte sehr gut überleben.

Graues Heiligenkraut

Pflanzzeit
J F M A M **J J A S** O N D
Blütezeit

Das Graue Heiligenkraut erkennst du an seinen silbrigen Blättern und den kugeligen goldgelben Blüten.

Graues Heiligenkraut

Blaukissen

Pflanzzeit
J **F M A M J J** A S O N D
Blütezeit

Das Blaukissen ist eine Staude (siehe Seite 32) mit einer sehr üppigen blauen oder violetten Blüte. Es eignet sich perfekt zum Begrünen von Mauern.

Blaukissen

Vulkanpalme

Pflanzzeit
J F M A M **J J A S O N D**
Blütezeit

In der Natur wächst die Vulkanpalme an den Hängen auf den Vulkaninseln von Hawaii. Sehr zur Freude der Liebhaber seltener Pflanzen findet man sie aber auch immer häufiger in Gärtnereien.

BLÜHENDE STEINROSETTE

Ist das nicht eine tolle Idee: Wir pflanzen Blumen auf einer Steinrosette an! Am besten eignen sich hierfür Steinbrechgewächse. Sie sind robust und bilden hübsche Farbtupfer in Pink, Weiß und Zartrosa. Das passt sehr gut mit dem Grau der Steine zusammen.

- 5 Steinbrech-Setzlinge im Blumentopf
- Spaten
- Harke
- 25 Kieselsteine
- Wasserwanne
- Pflanzschaufel
- Gartenerde
- Gießkanne

1. Manche Steinbrecharten sehen kombiniert mit Steinen besonders hübsch aus:

Porzellanblümchen

Schattensteinbrech

2. Wähle einen sonnigen Standort aus. Er sollte idealerweise ein bisschen abschüssig sein, damit das Wasser besser abfließen kann.

3. Zeichne einen Kreis mit einem Durchmesser von 1 m ein.

4. Bereite den Boden innerhalb dieses Kreises vor: Lockere ihn mit dem Spaten etwas auf, entferne Unkraut und ziehe die Erde dann mit der Harke glatt.

5. Verteile die Kieselsteine in der Rosette und lasse dabei ein paar Stellen für die Pflanzen frei.

6. Tauche deine Setzlinge mitsamt dem Blumentopf ein paar Minuten in ein Wasserbad.

7. Entferne die Blumentöpfe und pflanze die Setzlinge mit der Pflanzschaufel in die Erde.

8. Fülle das Pflanzloch rund um den Pflanzenfuß mit ein wenig Gartenerde auf, drücke sie gut fest und gieße.

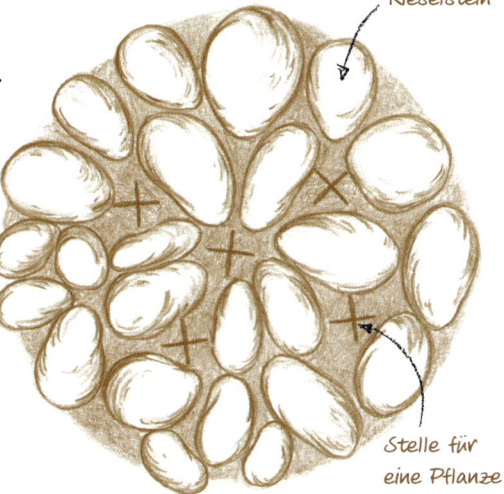

Kieselstein

Stelle für eine Pflanze

DEUTLICHER RÜCKSCHNITT

Schneide die Pflanzen nach der Blüte bis wenige Zentimeter über dem Boden zurück. Sie wachsen dann kräftiger nach. Denke daran, sie auch nach dem Rückschnitt einmal wöchentlich zu gießen.

DINOSAURIERGARTEN

Dieser Miniaturgarten

erinnert stark an die Urzeit. Alles, was du dafür brauchst, sind ein Diplodocus aus Kunststoff, eine Vulkanpalme, ein paar Sukkulenten (das sind Dickblattgewächse) und ein paar Fossilien. Und schon ist die Sache geritzt!

Schritt für Schritt

1. Damit überschüssiges Gießwasser gut ablaufen kann, musst du darauf achten, dass der Boden deiner Schale ein paar Abzugslöcher hat. Verteile außerdem ein paar Tonscherben auf dem Boden.
2. Fülle die Schale dann mit Kakteenerde auf.

Kakteenerde

Schale

Tonscherben

- Schale mit einem Durchmesser von etwa 50 cm
- Tonscherben
- Kakteenerde
- Vulkanpalme
- Wasserwanne
- 2 Sukkulenten
- Plastik-Dinosaurier
- Felssteine
- Fossilien (nicht unbedingt notwendig)

3. Tauche die Vulkanpalme in ein Wasserbecken ein, entferne den Topf und pflanze sie am Rand der Schale ein.

4. Ordne auf der gegenüberliegenden Seite die Sukkulenten so an, wie es dir gefällt, und pflanze sie ein. Schön sind zum Beispiel eine Echeveria und ein Pfennigbaum aus der Familie der Dickblattgewächse (siehe Seite 40).

5. Stelle den Dinosaurier in die Mitte.
6. Als Verzierung kannst du ein paar schön geformte Felssteine oder sogar Fossilien hinzufügen, wenn du welche hast. Die beste Zeit, um einen solchen urzeitlichen Garten anzulegen, ist der Frühling.

Vulkanpalme

Echeveria

Pfennigbaum

Gieße deine Pflanzen immer erst, wenn der Boden ganz trocken ist.

Der richtige Standort

Am besten ist ein heller und geschützter Standort, zum Beispiel auf einer Veranda.

Angepasstes Gießen

Im Winter reicht es, wenn du deinen Dinosauriergarten einmal pro Monat gießt. In der Zeit von März bis Oktober solltest du ihn jedoch einmal wöchentlich gießen.

NATURKUNST UND LAND ART

Kunst in der Natur – so lautet das Motto der Land-Art-Künstler. Lasse dich von dieser Kunstbewegung, die in den 1970er Jahren entstanden ist, inspirieren und verwandle das Zusammenspiel deiner Pflanzen oder deinen Steingarten in ein Kunstwerk.

Spiele mit den Strukturen!

Verziere deinen Steingarten mit Schiefersteinen, Glasscherben, Sand, bunten Kieselsteinen und Muscheln. Das sieht doch gleich viel schöner aus als die nackten Steine, oder? Die meisten dieser Dinge bekommst du im Gartencenter oder in Bastelgeschäften. Viele kannst du aber auch in der Natur finden – zum Beispiel Muscheln, Kieselsteine oder andere schöne Steine. Wenn du die Augen offen hältst, wirst du bestimmt fündig.

Spiele mit den Farben!

Gestalte eine außergewöhnliche Zusammenstellung, indem du die Farben der Steine und des Übertopfs aufeinander abstimmst.

❧ Wähle beispielsweise einen Bogenhanf. Diese schöne Pflanze mit den langen, hell gemusterten Blättern ist sehr widerstandsfähig.

❧ Perfekt wäre es, wenn du einen gelben Übertopf mit roten Punkten hättest! Falls das nicht der Fall ist, kannst du dir auch einfach einen alten weißen Übertopf besorgen und ihn mit einem Pinsel bemalen.

❧ Bedecke die Blumenerde mit einer dünnen Schicht aus rotem Zierkies und füge ein paar gelbe Glasperlen hinzu. Mit dieser Verzierung macht deine Pflanze überall Eindruck!

Spiele mit den Formen!

Kennst du Siporex? Das ist ein Beton, der bei Mauerarbeiten verwendet wird. Er lässt sich leicht behauen, sodass du daraus Steine in Tier- oder Pilzform oder in jeder anderen beliebigen Form herstellen kannst. Alles ist erlaubt!
Das Material ist so weich, dass du es mit einem normalen Taschenmesser bearbeiten kannst. Trotzdem ist es wasser- und feuchtigkeitsfest.

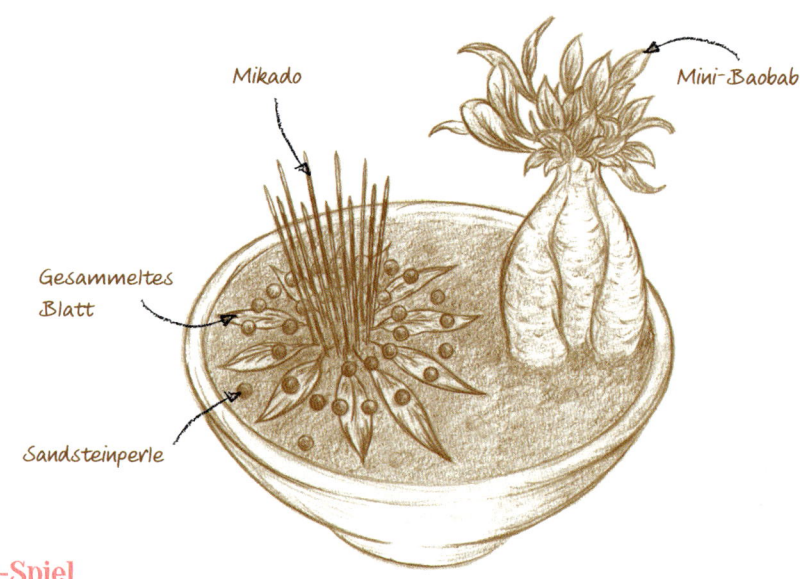

Mikado

Mini-Baobab

Gesammeltes Blatt

Sandsteinperle

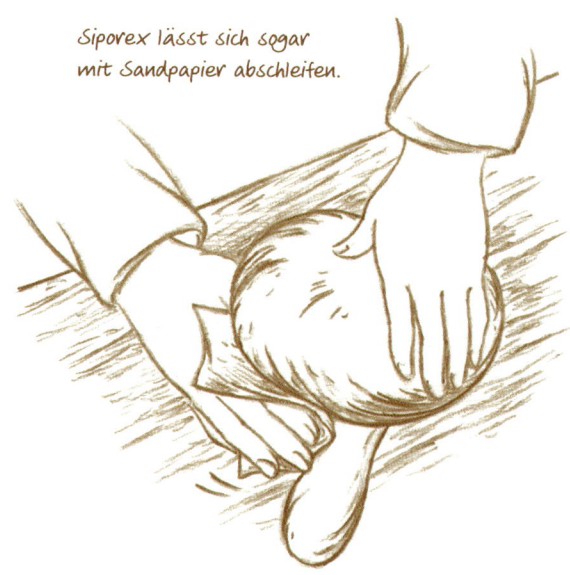

Siporex lässt sich sogar mit Sandpapier abschleifen.

Mikado-Spiel

Stelle dir doch einmal einen Steingarten vor, in dem du Gegenstände aller Art wiederverwenden könntest. Zum Beispiel ein ganz gewöhnliches Mikado-Spiel!

❧ Wähle eine Pflanze aus, die nicht so alltäglich ist, zum Beispiel einen Mini-Baobab. Pflanze ihn am Rand einer großen Schale ein.

❧ Verteile auf der gegenüberliegenden Seite ein paar gesammelte Blätter in der Form einer Rosette.

❧ Stecke die Mikado-Stäbe in die Mitte der Rosette.

❧ Verteile die Sandsteinperlen auf den Blättern, sodass sie eine Spirale bilden. Schon hast du eine Zusammenstellung, die wirklich ganz besonders ist!

EINE ANDERE ART VON KUNST

Die Künstler der Land-Art-Bewegung beziehen Landschaften in ihre Kunst mit ein und verwenden in ihren Kunstwerken so unterschiedliche Materialien wie Sand, Steine und Holz. Ihr Motto ist klar: Die Kunst soll aus dem offiziellen Museumsrahmen herausgelöst und in die Natur eingefügt werden. Dabei sind gewaltige Werke entstanden, aber auch schlichtere Kompositionen, wie zum Beispiel Flechtarbeiten aus einfachen Zweigen oder neu angeordnete Steinfelsen.

Kieselstein-Spirale an einem feinen Sandstrand, Werk von Michel Davo

MOOS-GRAFFITI

Gartenzwerge sind nicht mehr wirklich in Mode. Heute geht der Trend beim Dekorieren zum Moos-Graffiti - ganz im Land-Art-Stil. Werde auch du zu einem Öko-Sprayer!

Auf geht's!

- 2 oder 3 Handvoll frisches Moos
- Mixer
- 1 Bierdose (bitte hierfür einen Erwachsenen um Hilfe. Sei im Umgang mit dem Bier vorsichtig und denke daran, dass Alkohol für Kinder schädlich ist.)
- 1 Teelöffel Puderzucker
- Dichte Dose
- Handwerkerstift
- Sprühflasche

❧ Befreie das Moos von allen Verunreinigungen wie Steinen, Insekten und Erde und gebe es in deinen Mixer.
❧ Füge den Inhalt der Bierdose und den Puderzucker hinzu.

Mixer

Puderzucker

Frisches Moos

Bierdose

ÖKO-KUNST

Die Künstler der »Green Graffiti«-Bewegung arbeiten nur mit Pflanzen (Moos, Kräuter, gesammelte Blätter). Es gibt nichts Umweltfreundlicheres! Diese Form der Kunst kommt ursprünglich aus London und New York. Inzwischen erobert sie auch andere Großstädte und immer häufiger auch Gärten.

❧ Mixe alles zusammen, bis eine dicke Masse entsteht. Fülle die Masse in eine dichte Dose.
❧ Suche dir eine Stelle aus, die du dekorieren möchtest. Am besten eignet sich eine nach Norden ausgerichtete Wand, denn das Moos verträgt keine Sonne.
❧ Zeichne mit deinem Stift ein Motiv auf und fülle das Innere mit der Moosmasse aus. Benutze zum Auftragen einfach deine Finger.
❧ Sobald das Moos anfängt zu wachsen, musst du es alle drei bis vier Tage mit Wasser besprühen.

Mein Garten

Was ist der Trick?

Das Bier und der Zucker versorgen das Moos mit Nährstoffen und halten es so lange feucht, bis es neu wächst. Außerdem dient die Mischung als Klebstoff.

BÄUME UND STRÄUCHER

Bäume und Sträucher sollten in deinem Garten einen Ehrenplatz bekommen. Sie bieten nicht nur Schatten, sondern bringen außerdem zahlreiche Blüten und Früchte hervor. Werde Schritt für Schritt Baumschulgärtner, Archäologe, Dekorateur und Bildhauer.

LAUBBÄUME, NADELHÖLZER & CO.

Bevor du zur Tat schreitest, solltest du dir aber zunächst einmal ein bisschen Hintergrundwissen aneignen. Lerne die drei großen Gruppen kennen, in die man die Bäume und Sträucher einteilt: Laubbäume, Nadelhölzer und Obstbäume.

Laubbäume

Als Laubbäume bezeichnet man Bäume mit gut ausgebildeten Blättern. Die Blätter können einfach (in einem Stück) oder zusammengesetzt (in Einzelblättchen unterteilt) sein. Es gibt laubabwerfende Baumarten, bei denen die Blätter im Herbst abfallen, und immergrüne Baumarten, die ihre Blätter das ganze Jahr über behalten.

Sommerlinde

Abfallende einfache Blätter

Esche

Abfallende zusammengesetzte Blätter

Stechpalme

Immergrünes Laub

Fichte

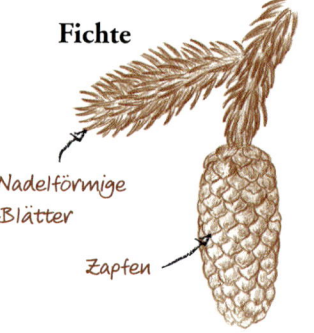

Nadelförmige Blätter

Zapfen

Thuja

Schuppenförmige Blätter

Zapfen

Nadelhölzer

Nadelhölzer haben nadel- oder schuppenförmige Blätter, die sie das ganze Jahr über behalten. Sie sondern Harz ab und bringen Zapfen hervor. Am bekanntesten sind die Tannenzapfen.

Obstbäume

Obstbäume werden wegen ihrer essbaren Früchte angebaut.

Birnbaum

NICHT VERWECHSELN!

❧ Ein Baum besitzt einen Stamm und eine Krone, manchmal kann er auch mehrstämmig sein. Die größten Baumarten können über 40 m hoch werden.

❧ Ein Strauch sieht ähnlich aus, ist aber kleiner. Auch er kann Früchte hervorbringen, wie zum Beispiel der Johannisbeerstrauch.

LEBENDES FOSSIL

Pflanze in deinem Garten einen der ältesten Bäume der Welt:
die Wollemi-Kiefer. Ihre Geschichte reicht bis in die Zeit der Dinosaurier
zurück! Da sie sehr selten geworden ist, steht sie heute unter besonderem
Schutz. Du kannst sie ganz einfach über das Internet bestellen.

- Schaufel
- Kleine Wollemi-Kiefer im Topf
- Eimer
- Gartenkralle
- Gießkanne

1. Grabe im Herbst ein Pflanzloch. Es sollte 1 m tief
und 1 m breit sein. Lockere die Erde am Boden mit
der Schaufel auf.
2. Tauche den Baum in einen Eimer mit Wasser ein,
entferne den Topf und lockere den Wurzelballen mit
der Gartenkralle.

5. Gieße reichlich mit der Gießkanne (mindestens 30 l Wasser).
Nimm hierfür den Beregnungsaufsatz von der Gießkanne ab.
6. Die Pflege ist einfach: Du musst deinen Baum in den ersten
Wochen nur alle fünf bis sieben Tage gießen, bis die ersten
neuen Nadeln sprießen.

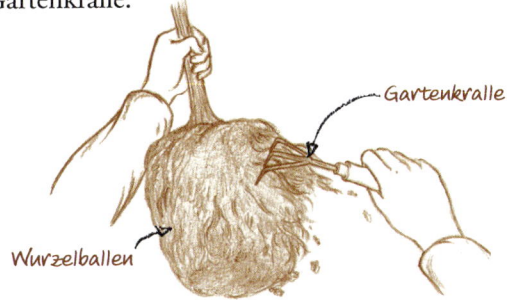

Gartenkralle

Wurzelballen

3. Stelle deine Pflanze mittig in das Loch hinein
und fülle etwas Erde ein. Achte dabei darauf,
dass die Oberseite des Wurzelballens ein paar
Zentimeter über dem Erdboden liegt.
4. Fülle das Loch dann vollständig mit Erde auf
und drücke sie mit den Füßen leicht an.

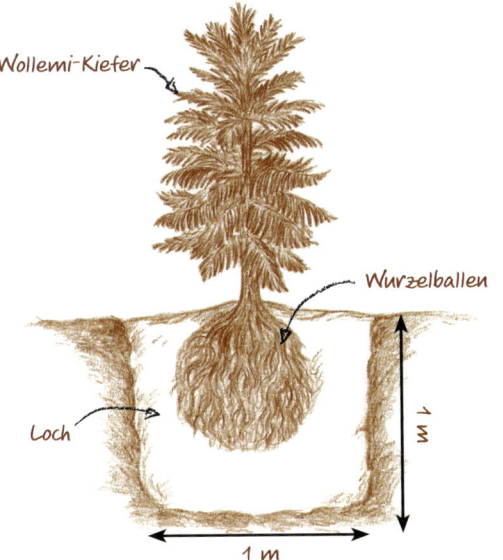

Wollemi-Kiefer

Wurzelballen

Loch

1 m

1 m

GUT ZU WISSEN!
Den perfekten Standort für deine Wollemi-Kiefer findest du, wenn du
auf diese zwei Dinge achtest: Sie steht am liebsten im Halbschatten
und auf sauren Böden. Diese erkennst du daran, dass dort auch Farne
wachsen. Kälte verträgt sie bis zu -12 °C. Wenn es im Winter noch
kälter wird, solltest du den Boden rund um ihren Fuß mit Stroh
bedecken und deine Kiefer mit einem Winterschutzvlies abdecken.

LICHTSPIELE

Verschönere deinen Baum mit Lichteffekten

und lasse 1000 Lichter funkeln, sobald es dunkel wird.

Lichterketten

Es gibt Lichterketten mit vielen kleinen Birnchen, wie du es von Christbaumketten kennst. Andere Lichterketten haben sogar blüten- oder schmetterlingsförmige Lämpchen. Kaufe am besten Modelle, die mit Solarenergie funktionieren und sich tagsüber selbst aufladen.

WUNSCHBAUM

Nutze deine Bäume, um wie in einem japanischen Zen-Garten Glücksbotschaften zu übermitteln. Schreibe deine Wünsche auf bunte Bänder und nenne auf der Rückseite den Namen der Person, für die deine Glückwünsche bestimmt sind. Binde die Bänder an den Zweigen fest und überrasche damit deine Familie und Freunde.

Solarleuchten

Solarleuchten werden wie Pflanzenstützen einfach in die Erde gesteckt. Mit ihnen kannst du zum Beispiel den Fuß eines Baumes oder eine Hecke beleuchten. Es gibt sie in verschiedenen Formen: als Kugel, Blume, Libelle … Manche biegen sich im Wind und einige können sogar ihre Farbe ändern.

Phosphoreszierende Leuchtdeko

Solche dekorativen Leuchtelemente musst du unbedingt in die Zweige deiner Bäume hängen! Sie funktionieren ganz ohne Strom, denn die phosphoreszierenden Zellen laden sich im Tageslicht selbst auf. Du hast also nur noch die Qual der Wahl, was die Formen betrifft: Sonnen, Sterne, Monde …

EINE EINZIG-ARTIGE ROSE

Jedes Jahr züchten Rosenzüchter neue Rosensorten, die immer noch schönere Blüten hervorbringen. Und weißt du was? Das ist gar nicht so kompliziert. Versuche es doch selbst einmal!

Praktische Arbeiten

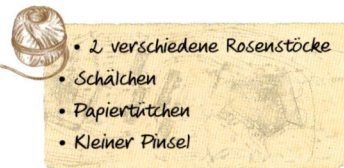

- 2 verschiedene Rosenstöcke
- Schälchen
- Papiertütchen
- Kleiner Pinsel

🌿 Entferne im Juni vorsichtig die Blütenblätter einer Rose und sammle die Staubblätter ein. In ihnen wird der Pollen erzeugt.

🌿 Bewahre sie 24 Stunden trocken und windgeschützt in einem Schälchen auf, damit der Pollen ausreifen kann.

🌿 Wähle bei einer anderen Rose eine noch geschlossene Blüte aus.

🌿 Entferne die Blütenblätter und die Staubblätter, sodass nur noch die Stempel stehen bleiben.

Querschnitt einer Rose

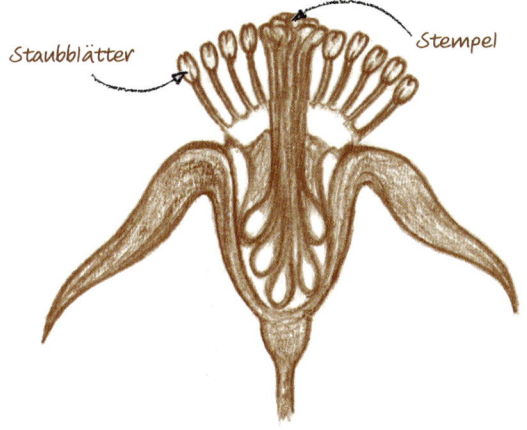

Staubblätter

Stempel

So funktioniert es

Wenn du deine eigene Rosensorte züchten möchtest, brauchst du zunächst einmal zwei verschiedene Rosen. Die eine liefert den Pollen und die andere wird bestäubt.

Rose Graham Thomas

Rose Yellow Button

+

=

Rose Pilgrim

🌿 Stülpe ein Papiertütchen über die Blüte und warte mindestens eine Stunde, bis die Stempel einen klebrigen Saft absondern.

🌿 Nimm dann mit dem Pinsel den Pollen von den Staubblättern der ersten Rosenblüte auf und verteile ihn auf den Stempeln der zweiten Blüte.

🌿 Stülpe das Tütchen dann zum Schutz wieder über die Blüte und entferne es erst nach sechs Tagen wieder.

🌿 Im Herbst wird sich an der Stelle der bestäubten Blüte eine Frucht entwickeln.

Teile diese Frucht in zwei Hälften und entnehme die Samen.

Die Frucht der Rose heißt Hagebutte.

🌿 Wenn du sie im nächsten Frühjahr aussäst, werden mehrere Pflanzen einer neuen Rosensorte wachsen.

FORMSCHNITT LEICHT GEMACHT

Deinem Garten fehlt es an Pep? Dann schneide deine Hecken und Sträucher doch einfach einmal in hübsche dekorative Formen. Alles, was du dafür brauchst, sind immergrüne, buschig wachsende Pflanzen, ein paar Hilfsmittel und ein paar Insidertipps.

BUCHSBAUM IN HASENFORM

🍃 Besorge dir im Gartencenter ein Drahtgerüst in Hasenform.
🍃 Stülpe es über deinen Buchsbaum und befestige das Gerüst unten mit ein paar Klemmen fest im Boden.
🍃 Lasse die Pflanze weiterwachsen und schneide mit der Gartenschere immer wieder alle Zweige ab, die aus dem Gerüst herausragen.
🍃 Wenn du deinen Buchsbaum auf diese Weise regelmäßig nachschneidest, erhält er im Laufe der Zeit die Form eines Hasen.

KUGELFÖRMIGER ROSMARIN

Freihändig

🍃 Beginne oben am höchsten Punkt der Pflanze und schneide mit einer Schere auf zwei gegenüberliegenden Seiten einen senkrechten Ring nach unten.
🍃 Beginne dann vorne in der Mitte der Pflanze und schneide auf die gleiche Weise einen waagerechten Ring um die Pflanze.
🍃 Gleiche dann von unten nach oben die übrig gebliebenen Bereiche mit der Schere an, bis du eine Kugelform erhältst.

Senkrechter Ring

Waagerechter Ring

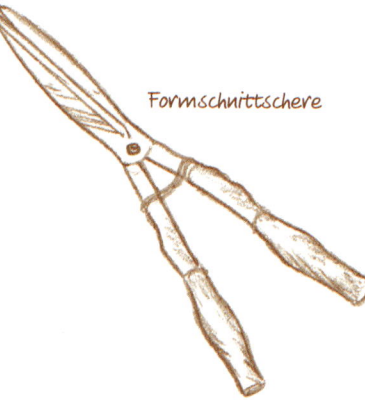

Formschnittschere

🍃 Schneide deine Pflanze alle drei Monate nach.

Mit einer Schablone

Du kannst diesen Formschnitt auch mithilfe einer Schablone machen.

🍃 Lege fest, welchen Durchmesser deine Rosmarin-Kugel haben soll.

🍃 Übertrage diesen Durchmesser auf einen Pappkarton und zeichne mit einem Zirkel den entsprechenden Halbkreis auf.

🍃 Schneide den Halbkreis aus und schon ist deine Schablone fertig!

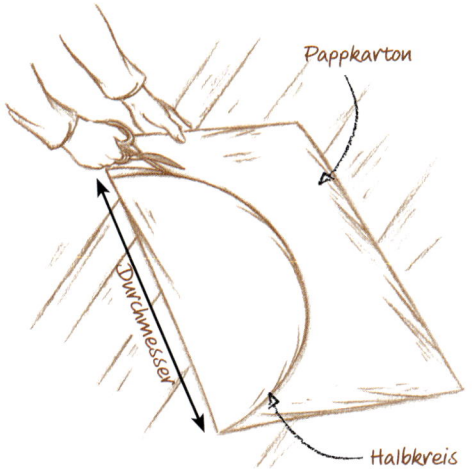

Pappkarton
Durchmesser
Halbkreis

🍃 Stülpe deine Schablone über den Busch und folge beim Schneiden mit der Schere den Konturen des Halbkreises.

🍃 Schiebe deine Schablone immer ein Stückchen weiter rund um die Pflanze.

EFEU-PYRAMIDE

🍃 Zeichne auf dem Boden ein Quadrat mit ungefähr 80 cm Seitenlänge auf.

🍃 Stecke in jeden Eckpunkt eine 2 m lange Stütze in den Boden.

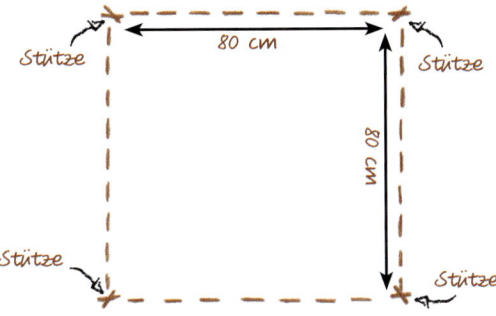

Stütze   80 cm   Stütze
80 cm
Stütze   Stütze

🍃 Überkreuze die Stützen oben an der Spitze und binde sie mit einer Schnur zusammen.

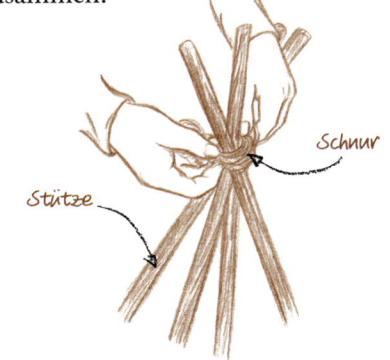

Schnur
Stütze

🍃 Schneide mit einer Zange vier Drahtgitter zurecht, sodass jedes ungefähr die Größe einer Pyramidenseite hat.

🍃 Decke jede Seite des Gestells mit einem Drahtgitter ab.

🍃 Befestige das Gitter mit Draht an den Stützen.

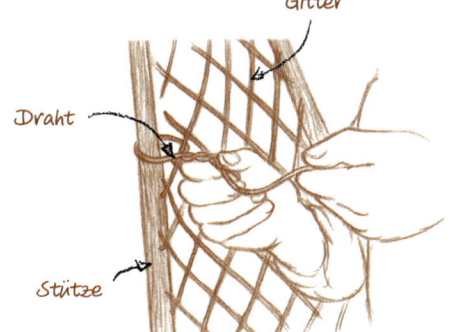

Gitter
Draht
Stütze

🍃 Pflanze an jeder Pyramidenseite einen Efeusetzling ein und lasse die Triebe an dem Gitter emporranken. Binde sie hierzu mit einer Schnur fest.

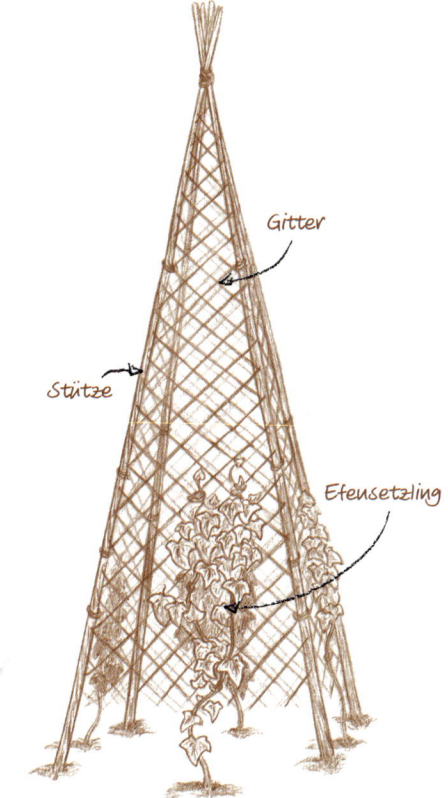

Gitter
Stütze
Efeusetzling

🍃 Nach einem Jahr wird das Efeu das ganze Gitter bedecken und eine schöne grüne Pyramide bilden.

🍃 Schneide deine Pflanzen alle drei Monate nach. Die beste Zeit zur Errichtung einer solchen Pyramide sind die Monate April oder Mai.

DIE RICHTIGE JAHRESZEIT

Den Gestaltungsschnitt machst du am besten im Frühling (ungefähr im Mai). Beim Nachschneiden solltest du auf gemäßigte Temperaturen achten und starke Hitze oder Frost unbedingt meiden!

ZIMMERPFLANZEN

Zimmerpflanzen verschönern dein Zuhause und sind daher unverzichtbar. Probiere dabei doch einfach mal etwas Neues aus und stelle tolle Kombinationen aus exotischen Pflanzen zusammen.

DIE WICHTIGSTEN HILFSMITTEL

Um gute Bedingungen für deine Zimmerpflanzen zu schaffen, brauchst du ein paar Hilfsmittel.

Sprühflasche

Sprühflaschen gibt es aus Metall und Kunststoff. Mit ihrer Hilfe kannst du die Erde und das Laub von empfindlichen Pflanzen, wie zum Beispiel Bonsaipflanzen, und fleischfressenden Pflanzen feucht halten.

Töpfe und Unterteller

Wenn deine Pflanzen wachsen sollen, brauchst du natürlich geeignete Blumentöpfe. Für Bonsaipflanzen eignen sich am besten flache, glasierte Töpfe. In ihnen trocknet die Erde nicht so schnell aus. Unterteller fangen das Gießwasser auf.

Gießkanne mit langem Hals

Mit einer solchen Gießkanne kannst du deine Pflanzen gießen, ohne das Wasser allzu großflächig zu verteilen.

Kleine Pflanzschaufel

Eine kleine Pflanzschaufel ist unverzichtbar, wenn du deine Pflanzen einpflanzen oder umtopfen möchtest. Du kannst dir aber auch sehr gut mit einem einfachen Suppenlöffel behelfen.

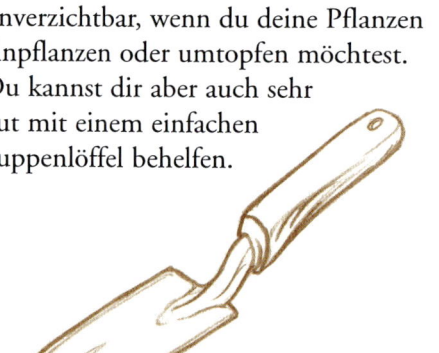

Gartenkralle mit drei Zinken

Mit einer Gartenkralle kannst du die Erde belüften und beim Umtopfen die Wurzeln entwirren. Falls du dafür nicht extra dein Sparschwein plündern möchtest, leistet dir sicher auch eine Gabel gute Dienste.

Gartenschere

Mit diesem Hilfsmittel kannst du welke Blüten und vertrocknete Stängel und Blätter entfernen. Außerdem lassen sich Bonsaipflanzen damit zurechtschneiden (siehe Seite 55).

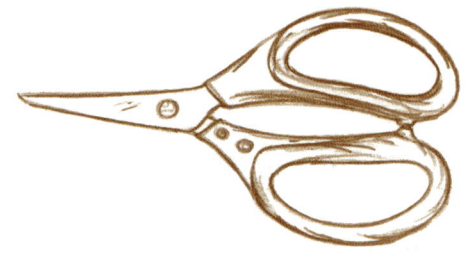

DEKORATIVE GRÜNPFLANZEN

Manche Zimmerpflanzen

haben wirklich erstaunliche Blätter!
Lerne ein paar besonders originelle
Fälle kennen:

Buntnessel
Die Blätter dieser Pflanze sind je nach
Art grün, gelb, rosa, rot oder auch weiß
gemustert.

Blattbegonie
Es gibt viele verschiedene Begonien-Arten.
Am erstaunlichsten ist die Blattbegonie
(auch Königsbegonie genannt). Ihre Blätter
schimmern perlmuttartig in kontrastreichen
Farben.

Korbmarante
Die ovalen Blätter dieser Pflanze sind auf
der Oberseite hell- und dunkelgrün
gestreift, die Unterseite ist rötlich gefärbt.

Grünlilie

Geweihfarn

Grünlilie »Bonnie«
Bonnie ist eine neue Züchtung der
Grünlilie. Ihre Blätter sind leicht
eingedreht bis richtig gelockt. So, als
ob der Gärtner sie mit dem Lockenstab
bearbeitet hätte!

Geweihfarn
Das besondere Kennzeichen dieses Farns
sind seine zwei unterschiedlichen Blatt-
arten: Die eine ist rund und wächst am
Fuß der Pflanze und die andere wächst
herabhängend und sieht mit ihrer Gabelung
aus wie ein Hirschgeweih.

UNGLAUBLICH!
Die Blätter der Mimose
reagieren auf Berührung!
Wenn du ihre Blätter auch
nur leicht berührst, klappen
sie sich sofort ein.

MEXIKANISCHER MINIGARTEN

Du besitzt ein paar Kakteen? Dann solltest du sie vielleicht nicht unbedingt in Reih und Glied auf einer Fensterbank aufstellen, sondern lieber in eine schöne Schale pflanzen und dir eine kleine mexikanische Wüste anlegen. Da kommt garantiert Urlaubsstimmung auf!

- Schale mit einem Durchmesser von etwa 30 cm
- Kies
- Kakteenerde
- 5 bis 6 kleine Kakteen
- Wanne
- Pflanzschaufel
- Gießkanne

So gelingt der Start:

🌵 Fülle den Boden deiner Schale 3 bis 4 cm hoch mit Kies auf. Achtung: Die Schale muss ein Loch haben, damit überschüssiges Gießwasser ablaufen kann.

🌵 Füge dann eine 10 cm dicke Schicht Kakteenerde hinzu.

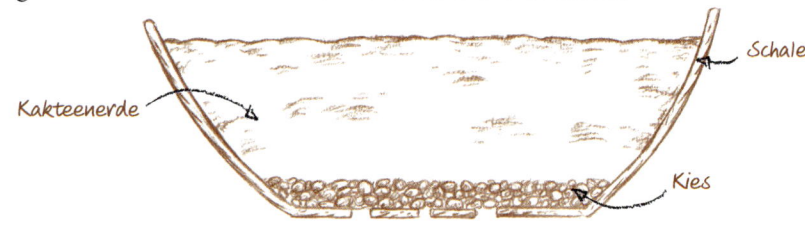

Kakteenerde — Schale — Kies

🌵 Tauche deine Kakteentöpfe in ein Wasserbad und entferne dann die Töpfe.

🌵 Pflanze deine Kakteen in die Schale ein. Setze dabei die größten in die Mitte und verteile die kleineren um sie herum.

Schütze deine Hände mit dicken Gartenhandschuhen, bevor du die Kakteen anfasst!

🌵 Drücke die Erde an und verteile eine dünne Kiesschicht darüber.

🌵 Nach einer Woche solltest du deinen Kakteengarten gut gießen. Einen solchen Kakteengarten legst du am besten in der Zeit vom Frühling bis zum Sommeranfang an.

Heller Standort

Kakteen lieben helle Standorte. Wenn du sie an einem Fenster aufstellst, werden sie sich pudelwohl fühlen!

Richtige Pflege

Kakteen brauchen je nach Jahreszeit unterschiedlich viel Wasser: Gieße sie im Winter einmal im Monat, ansonsten einmal pro Woche. Stärke deine Pflanzen, indem du ihnen in der Zeit von Mai bis September ein bisschen mit Wasser gemischten Flüssigdünger gibst. Feuchte die Erde vorher aber gut an, sonst kann der Dünger deine Kakteen verbrennen.

KIEFERNWALD IM MINIFORMAT

Pflanze fünf bis sechs Bonsaikiefern zusammen in eine Schale und stelle dir so einen kleinen Wald zusammen.

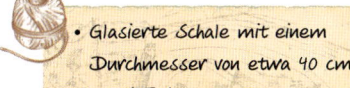

- Glasierte Schale mit einem Durchmesser von etwa 40 cm
- Bonsai-Erde
- 5 oder 6 Bonsaikiefern
- Wanne
- Sprühflasche
- Pflanzschaufel

WIE MACHE ICH DAS?

🌱 Achte zunächst darauf, dass deine Schale ein Abzugsloch hat. Fülle sie dann im April mit Bonsai-Erde.

🌱 Gestalte den Boden etwas hügelig.

🌱 Tauche deine Bäumchen in ein Wasserbad.

🌱 Entferne die Blumentöpfe.

Lockere die Wurzelballen mit einer Gartenkralle auf ...

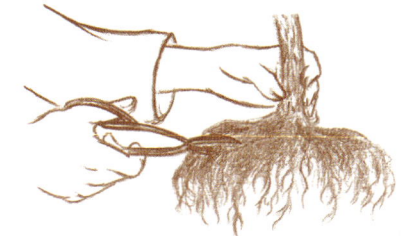

... und schneide die Wurzeln der Bonsaibäumchen ein bisschen zurück, damit sie sich besser an ihren neuen Topf anpassen können.

🌱 Befeuchte die Wurzelballen mit der Sprühflasche.

🌱 Ordne deine Bäumchen so an, dass es wie ein Wald aussieht, und pflanze sie mit der Pflanzschaufel ein.

🌱 Besprühe dann die Erde, das Laub und den Stamm von jedem Bonsai großzügig mit Wasser.

UND DIE PFLEGE?

Gießen und düngen

Gieße deine Bäume, sobald die Erde austrocknet, und gib ihnen im Herbst ein paar Körnchen Dünger.

Schneiden

🌱 Entferne im Winter unschöne oder gelbliche Nadeln, damit sich schöne Büschel bilden.

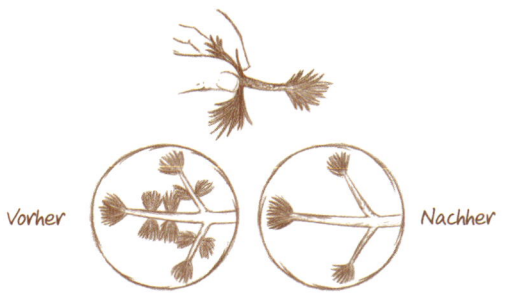

Vorher   Nachher

Schneide mit der Bonsaischere auch Zweige zurecht, die nicht so harmonisch ins Gesamtbild passen.

🌱 Kürze Anfang Juni die jungen Triebe an den Zweigspitzen.

Kürze die Seitentriebe stärker ein als die Mitteltriebe.

Entferne dann die Triebe, die am Ende der Zweige sprießen.

WELCHER STANDORT IST DER RICHTIGE?

Kiefern mögen helle und kühle Standorte. Am besten platzierst du sie daher auf deinem Balkon, auf der Fensterbank oder auf einer unbeheizten Veranda.

BEPFLANZUNG EINES AQUARIUMS

Auf deinem Dachboden verstaubt ein ungefähr 100 l großes Aquarium? Hol es schnell herunter und verwandle es in einen Wassergarten!

WELCHE PFLANZEN EIGNEN SICH?

Riesenvallisnerie

Diese Pflanze wächst schnell und entzieht dem Leitungswasser Nitrat: Das verhindert eine übermäßige Ausbreitung von Algen in deinem Aquarium.

Wasserkelch

Diese Pflanze ist sehr widerstandsfähig und benötigt nur wenig Licht.

Javamoos

Javamoos wächst auf jedem Untergrund unter Wasser. Es ist absolut pflegeleicht.

Schwertblatt

Mit ihren hübschen, schwertförmigen Blättern eignet sich diese Pflanze perfekt für den Vordergrund deines Aquariums. Allerdings darf es dort nicht zu hell sein.

LOS GEHT'S!

- Aquarium mit einem Fassungsvermögen von 100 l
- Rosafarbener Quarzsand
- Aquariumsdekoration (Steine und versteinertes Holz)
- Saubere Gießkanne oder Wasserschlauch
- 2 oder 3 Vallisnerien im Gittertopf
- 2 Wasserkelche im Gittertopf
- 2 Javamoos-Pflanzen
- Nylonfaden
- 2 oder 3 Schwertblatt-Pflanzen

Verteile den rosafarbenen Quarzsand auf dem Boden des Aquariums. Quarzsand findest du in Tierhandlungen in der Aquaristik-Abteilung. Lege von hinten nach vorne ein leichtes Gefälle an, sodass die Substratschicht hinten im Aquarium etwa 10 cm und vorne etwa 6 cm dick ist.

Aquarium in der Seitenansicht

Hinten Vorne

10 cm 6 cm

Lege deine Dekoration in die Mitte des Behälters.

Fülle das Aquarium zu einem Viertel mit Wasser auf: Leite das Wasser langsam mit dem Wasserschlauch oder der Gießkanne ein.

🌱 Pflanze die Vallisnerien mitsamt Topf ein: Vergrabe den Korb im Sand, ohne allerdings den Wurzelhals einzugraben. Platziere sie in der Nähe der hinteren Scheibe.

🌱 Füge an einer der Schmalseiten des Aquariums die beiden Wasserkelch-Pflanzen hinzu. Gehe dabei genauso vor wie bei den Vallisnerien.

🌱 Setze auf der gegenüberliegenden Schmalseite das Javamoos ein: Binde jede der beiden Pflanzen mit dem Nylonfaden an einem Kieselstein fest und versenke sie.

🌱 Setze die zwei oder drei Schwertblatt-Pflanzen ein: Klemme ihre Wurzeln zwischen den Steinen fest.

🌱 Fülle das Aquarium vollständig mit Wasser auf.

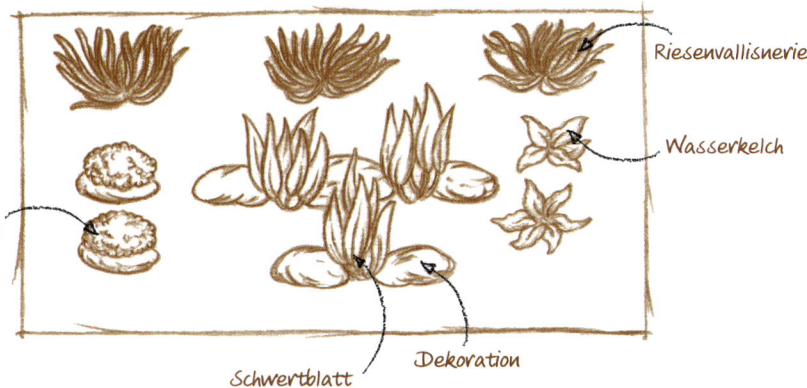

WÄRME UND LICHT

Am besten gedeihen diese vier Pflanzenarten bei 18 bis 26 °C. Außer der Vallisnerie brauchen sie alle nur wenig Licht. Damit sich all deine Pflanzen gut entwickeln, solltest du die Beleuchtungsvorrichtung mit einer 30-W-Neonröhre ausstatten.

JEDEN MONAT

Sauge jeden Monat etwa 20% des Wassers aus deinem Aquarium ab und tausche es aus. Entferne bei dieser Gelegenheit auch abgestorbene oder unschöne Blätter und schneide mit der Schere die Spitzen der Vallisnerien-Blätter ab, die an der Wasseroberfläche schwimmen. Versorge deine Pflanzen mit Nährstoffen, indem du eine kleine Kappe nitrat- und phosphatfreien Flüssigdünger für Aquariumpflanzen hinzufügst.

Sauge das Wasser aus deinem Aquarium mithilfe eines Schlauchs an.

Sobald das Wasser nur noch wenige Zentimeter von deinem Mund entfernt ist, tauchst du das Schlauchende in einen Eimer. Achtung: Passe auf, dass du es nicht schluckst!

KOHLENDIOXID IST PFLICHT

Wenn du dein Aquarium mit noch mehr Pflanzenarten bereichern möchtest, brauchst du einen Kohlendioxid-Spender. Ansonsten können sich deine Pflanzen nicht richtig entwickeln, denn für die Photosynthese brauchen sie unbedingt Kohlendioxid.

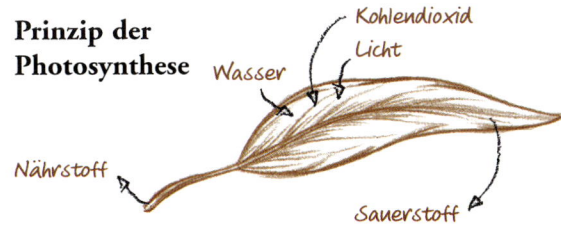

Prinzip der Photosynthese

Mithilfe des Lichts wandeln Grünpflanzen das Wasser und das Kohlendioxid in Nährstoffe und Sauerstoff um.

FLEISCHFRESSENDE PFLANZEN

Fleischfressende Pflanzen haben ziemlich sonderbare Gewohnheiten: Sie ernähren sich von Insekten und leben am liebsten in einer feuchten Umgebung. Hier erfährst du alles, was du über ihre Pflege wissen musst und welche Fehler du nicht machen solltest.

EIN PAAR BESONDERS TOLLE EXEMPLARE

Schlauchpflanze

Diese Pflanze hat röhren- oder schlauchförmige Blätter. Falls ein neugieriges Insekt sich da hinein verirrt, ertrinkt es in ihrem betäubenden Nektar.

Gelbe Schlauchpflanze

Venusfliegenfalle

Die Venusfliegenfalle ist eine ganz außergewöhnliche Pflanze. Ihre Blätter klappen wie Fangeisen zu, um Insekten zu fangen.

Sonnentau

Bei dieser Pflanze haben die Blätter Haare, die an der Spitze mit einem klebrigen Pflanzenschleim bedeckt sind. Je mehr ein Insekt versucht, sich zu befreien, umso stärker klebt es fest.

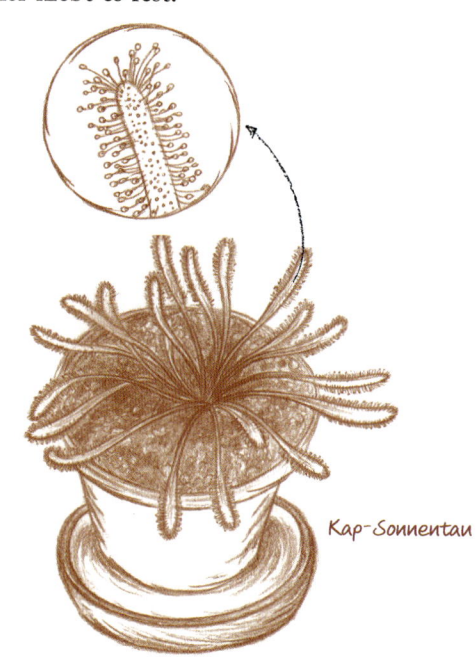

Kap-Sonnentau

WO SIND DIESE PFLANZEN ZU FINDEN?

Bei spezialisierten Händlern hast du die größte Auswahl und bekommst hilfreiche Pflegetipps. Einige haben sogar Online-Shops.

SONNENANBETER

Die meisten fleischfressenden Pflanzen lieben die Sonne. Wenn du ihnen einen Platz an einem Fenster oder in einem hellen Raum gibst, werden sie dir dankbar sein. Und wenn das Wetter gut ist, kannst du sie ruhig auch nach draußen stellen.

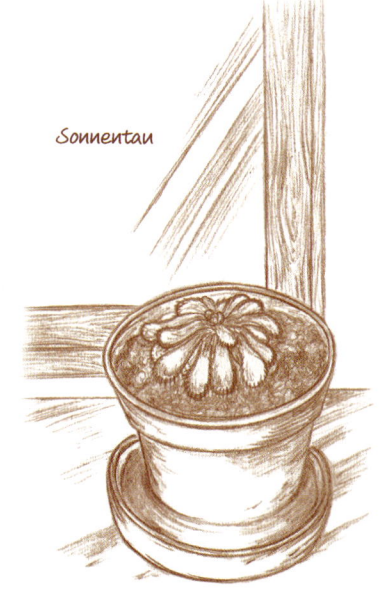

Sonnentau

TEMPERATUREN

Schlauchpflanze, Venusfliegenfalle und Sonnentau gedeihen sowohl bei warmen als auch bei kühlen Temperaturen. Im Sommer sollte die Temperatur zwischen 18 und 30 °C betragen, im Winter fühlen sie sich bei 5 bis 15 °C am wohlsten. Sie ertragen aber auch Temperaturen unter Null.

GIESSEN

Gieße deine Pflanzen nur mit Regenwasser oder mit entmineralisiertem Wasser. Entmineralisiertes Wasser kannst du in großen Supermärkten oder in Drogerien kaufen. Gieße je nach Jahreszeit unterschiedlich:

🌱 **Von Mai bis Oktober:** Stelle den Blumentopf auf einen Unterteller und achte darauf, dass der Topf immer 2 bis 3 cm tief im Wasser steht.

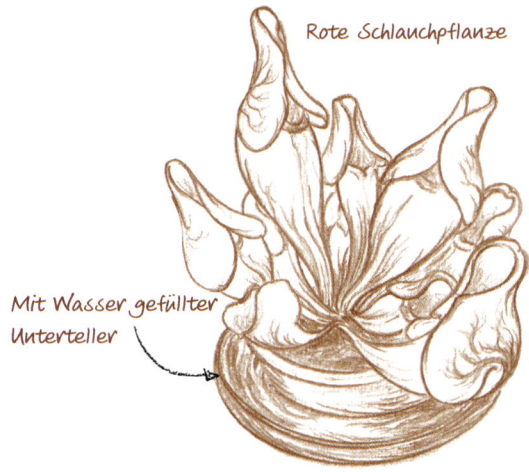

Rote Schlauchpflanze

Mit Wasser gefüllter Unterteller

🌱 **Von November bis April:** Gieße den Fuß der Pflanze regelmäßig, um die Erde feucht zu halten.

Blasse Schlauchpflanze

UMTOPFEN

Etwa alle zwei bis drei Jahre solltest du deine Pflanzen mit neuer Erde versorgen. Am besten tauschst du die Erde im März oder April aus.

🌱 Wähle einen ausreichend breiten Blumentopf aus Kunststoff mit Abzugslöchern im Boden aus.

🌱 Bereite die neue Erde in einem Eimer vor: Mische hierzu 70% Weißtorf aus nicht angereichertem Torfmoos mit 30% Sand. Beides bekommst du im Gartencenter.

🌱 Befeuchte die Mischung mit Regenwasser oder entmineralisiertem Wasser.

🌱 Befülle den Blumentopf je nach Größe der Pflanze zu einem Viertel oder zur Hälfte mit dieser Mischung.

🌱 Topfe die Pflanze aus dem alten Blumentopf aus und entferne möglichst viel alte Erde von den Wurzeln.

🌱 Setze die Pflanze in ihren neuen Topf ein und fülle diesen mit der restlichen Erdmischung auf.

🌱 Drücke die Erde gut an und achte darauf, dass der Fuß der Pflanze nicht mit Erde bedeckt ist.

🌱 Stelle den Blumentopf auf einen Unterteller und fülle diesen mit Wasser auf.

WÖRTERVERZEICHNIS

🐞 **Anhäufeln**

Dabei wird rund um den Fuß der Pflanze mit zusätzlicher Erde ein kleiner Erdhaufen angelegt. Das schützt sie vor Kälte und fördert das Wachstum der Wurzeln.

🐞 **Auflockern**

Die Erde weicher und krümeliger machen.

🐞 **Ausläufer**

Seitensprossen, die bei manchen Pflanzen, zum Beispiel bei Erdbeeren, von der Stängelbasis ausgehen und am Boden entlangkriechen. Aus ihnen entstehen Triebe, die Wurzeln schlagen und dann zu eigenständigen Pflanzen werden können.

🐞 **Auslichten**

Schwache Triebe entfernen, damit sich die stärkeren besser entwickeln können.

🐞 **Austopfen**

Eine Pflanze aus ihrem Blumentopf herausnehmen.

🐞 **Bestäuber**

Transportiert Pollen von Blüte zu Blüte und sichert so die Fortpflanzung. Wichtige Bestäuber sind Bienen und der Wind.

🐞 **Blattstiel**

Teil der Pflanze, der das Blatt mit dem Stängel verbindet.

🐞 **Bonsai**

Winziger, im Topf angebauter Baum. Damit er klein bleibt, werden Wurzeln, Zweige und Laub regelmäßig geschnitten.

🐞 **Dibbel**

Loch, das in den Boden gebuddelt wird, um Samen hineinzulegen. Die Dibbelsaat nutzt man vor allem bei Pflanzen mit großen Samen, zum Beispiel bei Bohnen.

🐞 **Dickblattgewächse**

Pflanzen, die in trockener Umgebung wachsen und in ihren dicken, fleischigen Blättern und Stängeln Flüssigkeit sammeln. Solche Pflanzen heißen auch Sukkulenten.

🐞 **Einebnen**

Eine Bodenfläche gerade ziehen, zum Beispiel mit einer Harke.

🐞 **Formschnitt**

Die Kunst, manche Pflanzen, wie zum Beispiel Buchs oder Rosmarin, so zu schneiden, dass sie in einer bestimmten Form wachsen: als Kugel, Kegel oder auch in der Form eines Tiers.

🐞 **Gartenerde**

Spezielle Erdmischung, die man zum Aussäen, Pflanzen oder Umtopfen verwendet. Damit sie besonders fruchtbar ist, können ihr zersetzte tierische oder pflanzliche Stoffe beigefügt werden.

🐞 **Hacken**

Die oberste Erdschicht auflockern, damit das Gießwasser besser in den Boden eindringen kann oder um Unkraut herauszulösen.

🐞 **Keimung**

Erste Entwicklungsphase einer Pflanze nach der Aussaat.

🐞 **Knolle**

Bauchige unterirdische Wurzel, die die Pflanze mit Nährstoffen versorgt. Kartoffeln sind essbare Knollen.

🐞 **Kriechende Pflanzen**

Pflanzen, die am Boden entlangkriechen oder an Gerüsten hochklettern. Zu diesen Pflanzen zählen beispielsweise bestimmte Zucchinisorten, Salatgurken und Gewürzgurken.

🐞 **Photosynthese**

Prozess, der es Grünpflanzen ermöglicht, mithilfe des Sonnenlichts Wasser und Kohlendioxid in Nährstoffe umzuwandeln und Sauerstoff freizusetzen.

🐞 **Pikieren**

Die jungen Triebe, die sich aus einer Aussaat oder aus Stecklingen entwickelt haben, an ihren endgültigen Platz verpflanzen.

🐞 **Rosenzüchter**

Ein auf den Anbau von Rosen spezialisierter Gärtner.

🐞 **Sämling**

Junger Trieb, der nach der Keimung aus einem Samen entstanden ist. Er hat erst wenige Blätter.

Schachtelhalm

Wildwachsende krautige Pflanze mit einem hohen Kieselsäure-Gehalt. Abgekocht oder als Jauche stärkt sie die Abwehrkraft der Pflanzen und wirkt gegen Pilzkrankheiten.

Substrat

Auf die jeweiligen Bedürfnisse der Pflanze abgestimmte Mischung aus Erde mit anderen Stoffen, wie beispielsweise Kies oder Kompost, sodass die Pflanze unter optimalen Bedingungen wachsen kann.

Sukkulente

Siehe Dickblattgewächse.

Universalerde

Standarderde. Sie kann für den allgemeinen Gebrauch verwendet werden.

Umgraben

Die Erde umdrehen, um sie aufzulockern, zu belüften und sie krümeliger zu machen.
Junge Pflanzen, die ausgesät oder ausgepflanzt werden, können dann schneller Wurzeln schlagen.

Umpflanzen

Eine Pflanze an einen anderen Platz setzen.

Umtopfen

Den Blumentopf einer Pflanze austauschen, damit ihre Wurzeln mehr Platz haben und sich in neuer Erde weiterentwickeln können.

Wasserablauf

Durch ein Loch im Boden eines Blumentopfs soll überschüssiges Gießwasser ablaufen können.

Wurzelhals

Teil der Pflanze zwischen dem Stamm/Stängel und den Wurzeln. Er befindet sich an der Stelle, an der die Pflanze aus dem Boden ragt.

Zapfen

Früchte der Nadelhölzer.